安徽省博物馆

Anhui Provincial Museum

带你走进博物馆

SERIES

安徽省博物馆　编著

文物出版社

赠　言

　　未成年人将要承担中华民族伟大复兴的重任。关心未成年人的健康成长，关心他们的思想道德的建设是我们每个人的责任。各类博物馆不仅是展示我国和世界优秀历史文化的场所，也是未成年人学习知识、培养情操的第二课堂。

　　让这套丛书带你走进博物馆，让博物馆伴随你成长。

国家文物局局长 单霁翔

2004 年 12 月 9 日

"一个省的主要城市，都应该有这样的博物馆，人民认识自己的历史和创造的力量是一件很要紧的事"。

毛泽东

1958 年于安徽省博物馆

目　录　Contents

安 徽 省 博 物 馆

文明孕育的珍宝

传承历史　再铸辉煌

——奋进中的安徽省博物馆

带你走进博物馆

安徽省博物馆陈列展览大楼

在安徽省合肥市人口密集、交通便利的三孝口区域，矗立着一座高大宏伟的仿苏式建筑，这就是建馆逾五十年、有着辉煌历史的安徽省博物馆。安徽省博物馆是新中国兴建的首批大型综合性博物馆之一，也是新中国第一座自主建设的省级地志博物馆。中华人民共和国成立初期，百废待兴，安徽省委、省政府高瞻远瞩，在合并皖北区革命历史文物陈列所、皖南区人民文物馆、皖南科学馆、皖北科学馆的基础上，组建安徽省博物馆。1953年4月23日，"安徽省博物馆筹备处"成立。经过三年的积极筹备和建设，安徽省博物馆陈列展览大楼落成。1956年11月14日，安徽省博物馆正式成立。

历史辉煌

1958年9月17日，毛泽东同志视察了安徽省博物馆，并在此对新中国博物馆事业发表了重要讲话："一个省的主要城市，都应该有这样的博物馆，人民认识自己的历史和创造的力量是一件很要紧的事"。这既是对安徽工作的肯定，也为新中国博物馆事业指明了发展方向。在此前后，周恩来、朱德、刘

1958年毛泽东主席视察安徽省博物馆

带你走进博物馆

带你走进博物馆

安徽省博物馆

物馆

题陈毅

1961 年陈毅题写的馆名

伯承、刘少奇、贺龙、叶剑英、陈云、彭德怀、李先念、聂荣臻、邓小平、彭真、陈毅、郭沫若等老一辈党和国家领导人先后来我馆

视察参观。此时的安徽省博物馆处处留下了伟人们的足迹，闪耀着时代的光环。1958年9月，文化部文物局在合肥召开了全国博物馆工作现场会，总结、推广安徽省博物馆办馆经验，安徽省博物馆被定为全国四大样板馆之一。1961年11月，陈毅同志为安徽省博物馆亲笔题写了馆名。

改革开放以来，安徽省博物馆始终以让"人民认识自己的历史和创造的力量"为己任，在加强社会主义精神文明建设、弘扬民族精神、传承历史文化、展示安徽地域文明等方面，发挥了积极作用，为弘扬祖国优秀的传统文化，让世界了解安徽作出了自己的贡献。近年来，历经数年的艰苦奋斗，安徽省博物馆厚积薄发，迈出了再铸辉煌的新步伐。

馆区环境

安徽省博物馆馆区独立，地势高爽，占地面积约52000平方米，陈列展览大楼为其主体建筑。

安徽省博物馆陈列展览大楼为典型的仿苏式建筑，中华人民共和国成立初期曾被评为合肥市十大标志性建筑之一。大楼造型呈Ⅱ形，简洁壮丽，平面规矩对称，主楼高耸峭立，回廊宽缓伸展。大楼为砖混结构，面南背北，正中主楼五层（第五层为塔楼）为办公用房，两侧两层副楼为展厅。2007年8月，安徽省博物馆陈列展览大楼被公布为省级文物保护单位。

楼前广场、绿地被大楼建筑整体环抱。大楼及广场掩映于苍松翠柏之中，丹桂飘香，环境优美，尽显庄严肃穆的建筑风范。大楼后面为供观众休憩观赏的绿地长廊，并建有安徽古生物陈列馆。大楼西侧为文物库房和文物科技保护楼。

丰厚的藏品、精美的陈列、优雅的环境使安徽省博物馆成为海内外朋友来到合肥的首选参观地。2007年12月，安徽省博物馆通过国家旅游局AAAA级旅游景区的申报验收，成为安徽文化成功融入区域旅游经济圈的点睛之笔。为提升对外宣传形象，给观众提供舒适、美观的环境和细致的人性化服务，我馆加大了观众服务设施的配置力度，新建了游客服务中心，在馆区内设置了咨询台、存包处、工艺品商场、专用停车场和观众休憩场所，为残障人士提供专用残障通道和专用洗手间，并完善了馆区内的各种指示标牌。在展厅内，设置了多处触摸屏系统和语音导览系统，方便观众自助式游览。

带你走进博物馆

陈 列 展 览 大 楼 休 息 厅

安徽省博物馆具备的良好馆区环境和先进展陈设施，无疑为展示历史文物的丰富内容，阐释古代文明的深刻内涵，起到了重要的作用。

馆藏精品

安徽省博物馆现藏文物约23万件,具有鲜明的地方特色,集江淮地域历史文化之大成。其中商周青铜器及瓷器、文房四宝、新安书画、古籍善本和契约文书、徽州三雕、潘玉良作品等都颇具代表性。

安徽省博物馆藏青铜器以内涵丰富、工艺精湛及特色鲜明而闻名全国,有誉为镇馆之宝的"鄂君启节"和青铜重器"楚铸客大鼎"。金节系青铜铸成,上有金丝填嵌铭文,分为车节和舟节,是楚怀王颁发给鄂君启运输货物的免税通行凭证。它是研究战国时期封君、交通、地理、商贸、税收、符节制度的重要史料。楚大鼎重达400公斤,是东周时期最大最重的青铜鼎。它不仅体量巨大,造型设计上也处处追求力量与气势的完美结合。毛泽东主席1958年视察安徽省博物馆时,久久地站在大鼎前赞叹道:"能煮得上一头大牛哇!"

战 国 铜 "鄂 君 启 节"

安徽省博物馆收藏了大量的历代瓷器,本省窑制品如釉色纯正的寿州窑黄、黑釉瓷器,恬静素雅的繁昌窑影青瓷,以及具有

带你走进博物馆

北方磁州窑风格的萧窑白地黑花瓷器等均颇具地方特色。藏瓷精品北宋"影青釉注子温碗"中注子的壶体作六瓣棱形，注碗形如一朵仰开的莲花，造型丰满优雅，釉色冰清玉洁，1991年被中国邮政作为邮票图案向全国发行。

安徽是"文房四宝"之乡，宣笔、宣纸、徽墨、歙砚历来受到世人推崇，唐宋以后始终为朝廷贡品。安徽省博物馆也得以收藏了丰富的文房四宝用具。汉砚精品"双龙三足圆形石砚"分底、盖两部分。盖上捉手作圆雕双龙，周边线刻网纹，足上浅刻熊首，拙朴与灵秀和谐统一，实用与装饰相得益彰。胡开文是清代四大制墨名家之一，其代表作"地球墨"获得了1915年巴拿马国际博览会金奖。此墨在形制上已完全突破了传统，代表了当时中国民间工艺的最高水平，是民族文化的骄傲。

带你走进博物馆

汉代双龙三足圆形石砚

安徽省博物馆藏书画年代远达东晋，历经唐宋，明清两朝最为全面，尤以徽州地区的新安画派名人墨迹最为集中。绘画方面，有明代早期过仪、姚绶、朱邦的稀世珍品，"浙派"的仿宋山水，"明四家"及董其昌的精美画作；有白理、陈洪绶、吕希文的花鸟绝本，以及丁云鹏、叶广等人物画的出神之作；清代"四僧"、"四王吴恽"、"金陵八家"、"扬州八怪"的作品也颇多收藏。书法方面，除汉隶简牍、历代写经、明清诸家外，更有皖籍书家梁巘，书法理论家包世臣，碑学实践者邓石如的法书、刻帖，数量丰富，自成系列。

安徽省博物馆藏古代工艺品种类繁多，宋元时期的金银器、玉器、漆器精品皆有收藏，如朱晞颜墓、范文虎墓以及合肥元代窖藏出土的金银玉器，元代"张成造剔犀漆盒"等，都凝聚着古代能工巧匠的智慧和绝世技艺。藏品中明清时期的徽州竹编漆器和芜湖铁画，是独具安徽地域特色的民间工艺品。

安徽省博物馆藏徽州契约文书无论从数量上还是历史价值上在全国都首屈一指，馆藏的"徽州三雕"艺术品充分展现了徽州古民居建筑艺术的精髓。这些藏品均见证着徽州文化和徽商经济曾经拥有的辉煌。

潘玉良是一位极富传奇色彩的著名旅法女画家。她借鉴了西方众多绘画流派的风格和技法，并融入中国传统绘画技巧及表现手法，作品曾获得法国国家金像大奖。目前，安徽省博物馆藏潘玉良作品4000余件，主要包括油画、国画、素描等，为海内外所瞩目。

陈列展览

安徽省博物馆2006年10月维修改陈完毕,以崭新的面貌迎接五十周年华诞。目前对外开放的基本陈列有"徽州古建筑陈列"、"馆藏青铜器精品展"、"馆藏瓷器精品展"、"潘玉良作品展"、"安徽古生物陈列"等,并设有馆藏精品文物陈列室。

皖南古徽州境内风景如画,历史上世家大族视其为避乱的乐土,聚族而居,宗族繁荣。明清徽商富甲天下,他们均将雄厚的资

安徽省博物馆建馆五十周年庆典

明代西递胡文光刺史牌坊

金用在故里造宅第，修祠堂，建牌坊。如今徽州民居聚落的代表——西递、宏村已被联合国教科文组织列入世界文化遗产名录。国家文物保护单位许国石坊、棠樾牌坊群、龙川胡氏宗祠、罗东舒祠、老屋角、潜口名宅等，仍然以原生态呈现出永久的生命力。"徽州古建筑陈列"共分为序厅、水口、牌坊、祠堂和民宅五个部分，全面地展示了徽州古代建筑的独特魅力。而砖、石、木"三雕"艺术，更富有细部审美要素。2007年5月，该陈列荣获第七届（2005—2006年度）全国博物馆十大陈列展览精品奖。

"徽州古建筑陈列"展厅

　　"馆藏青铜器精品展"结合本馆藏品情况，分为青铜器功用常识和馆藏青铜器精品两个部分，既让参观者直观了解古代青铜器的用途，也通过馆藏青铜器精品向观众充分展现吴越器的精巧细腻、楚器的气势恢弘、蔡器的兼容并蓄、群舒器的清新别致以及它们所代表的各自文化相互交融影响、相互渗透吸收的历史痕迹。

"馆藏青铜器精品展"展厅

　　安徽省博物馆收藏了大量的古代瓷器珍品，其年代跨度大，品种

"馆藏瓷器精品展"展厅

繁多。"馆藏瓷器精品展"依托馆藏优势，突出展示馆藏精品和地域特色，展品包括原始青瓷，东汉到隋唐各时期的青瓷精品，闻名于世的寿州窑黄釉瓷器，以及安徽境内独有的萧窑、繁昌窑瓷器，元代景德镇的青花、釉里红、卵白釉瓷，以及明清时期的各单色釉瓷、彩绘瓷在该展览中皆有展示。此外，原国家地质部部长孙大光先生捐赠的瓷器，也极大地丰富了展览内容。

潘玉良为著名旅法爱国女画家，是中国最早走出国门学习西画且卓有成就的杰出代表。她出身贫微，少时未曾有读书的机会，经过极其艰辛的艺术实践，创立了"合中西为一冶"的独特风格，享誉画坛。她不仅擅长油画，

"潘玉良作品展"展厅

其彩墨、素描也独具功力，同时还涉猎雕塑、版画的创作。潘玉良旅居法国四十余载，1977年病逝于巴黎。按其遗愿，4000余件作品运回故里"奉献国人"，收藏于安徽省博物馆。潘玉良作品，富有强烈的民族特色和明快的时代气息。"潘玉良作品展"遴选出一批潘玉良作品的精品，从中观众可以充分领略到潘玉良绘画艺术的魅力，感悟她对艺术的忠诚与勤奋，以及她对祖国的赤子情怀。

"安徽古生物陈列"由中生代恐龙化石，新生代古生物、古人类、旧石器（主体陈列）和活体恐龙（辅助陈列）三部分组成，分序

"安徽古生物陈列"展厅

厅、中生代恐龙化石厅、新生代淮河象化石厅和活体恐龙厅。整个陈列展览以安徽地区发现的恐龙化石、哺乳动物群为主线,展出各类化石标本 100 余件,其中巢湖鱼龙、鹦鹉嘴龙(骨架)、黄山恐龙蛋、潜山安徽龟、东方晓鼠、安徽娇齿兽、中国乳齿象、原黄狒、和县猿人化石及繁昌人字洞出土的石制器、骨制品等极为珍贵,使这里成为了优秀的科学研究和科普教育基地。

发展创新

安徽省委、省政府对安徽省博物馆的建设与发展高度重视,确定了保留老馆、择地另建新馆的新馆建设方案。2008 年 3 月 26 日安徽省博物馆对全社会免费开放。2008 年 5 月,安徽省博物馆被国家文物局评为国家一级博物馆,被文化部评为首批全国珍贵古籍名录单位。全馆职工精神面貌、工作热情发生了巨

带你走进博物馆

安 徽 省 博 物 馆 新 馆 效 果 图

带你走进博物馆

大的变化，呈现出一派欣欣向荣的景象，在宣传教育、学术研究、文物征集、陈列展览、安全保卫等方面均取得了一定的成果。

安徽省博物馆新馆项目已于2007年元月动工兴建，建筑面积4万平方米。新馆拟分为安徽自然历史展区、安徽特色文化展区、安徽艺术品展区、安徽民俗展区、捐赠文物展区、安徽建设成就展区和临时展览展区等七大展陈区域。新、老馆功能互为补充，展陈各有侧重、各具特色，尤其注重体现安徽区域文化，以丰富的历史文化内涵回馈给广大观众，从而展现安徽从文化大省转变为文化强省的崭新形象。

安徽省博物馆将以崭新的姿态呈现在世人面前，传承着千年不息的安徽古代文明之光。

（许松）

江淮文明的旅程

——安徽省博物馆基本陈列

带你走进博物馆

穿越时空　追寻远古——安徽古生物陈列

安徽省博物馆的"安徽古生物陈列"是最吸引观众的，那些常来常往的观众，已经和那里的讲解员交上了朋友。即使是初次到来的观众，也会被那生动的展品所吸引，那一张张惊奇的脸，那一双双猎奇的眼，好像穿过了时空的隧道，走进了那遥远的古代。

巢湖鱼龙化石、东方晓鼠下颌骨化石、淮河古象化石、和县猿人头盖骨、繁昌人字洞动物标本，深深地吸引着观众，去进行一次次远古的旅行。

巢湖鱼龙

看到岩石上清晰的骨骼轮廓，再看看展板上腾空鱼跃的优美身姿，很多人都会发出这样的疑问，巢湖鱼龙究竟是鱼还是恐龙？

其实，它既不是鱼也不是恐龙，它只是恐龙的近邻——一种水生爬行动物，生活在2亿年前的安徽这块广阔的水域。巢湖鱼龙体形不大，只有0.5米左右长，它的头是三角形的，眼睛又大又圆，吻部比较长。流线型的身体和桨状的四肢，使它看起来与海豚有点相似。1965年它的化石在巢湖龟山被发现

巢湖龟山发现的2亿年前的
鱼龙化石

后，经专家考证，确认它是目前已知时代最早的鱼龙之一，生活年代比著名的喜马拉雅鱼龙还要久远。

作为爬行动物，鱼龙的繁殖方式是胎生。科学家已经找到了正处于生产过程中的鱼龙化石，在这些标本上，小鱼龙的一半位于母亲的体内，另一半已经从产道滑出了体外。

陆外，地球的每个角落都有鼠类存在。不管是地上跑的鼠，水里游的鼠，还是树间飞的鼠；也不管是可爱的松鼠，还是令人生厌的家鼠，在生物学上同归一类，叫啮齿目。它们共同的特点就是都有一对终生都在生长的大门牙。如果任其生长，越来越长的门牙，就会影响嘴巴的闭合，这就是鼠类不停啃噬东

东方晓鼠

鼠类动物种类多，数量大，个体差异千变万化。早在300万年前，南美洲的乌拉圭就生活着一种原水豚鼠，头大如牛，身如野猪。它的近亲，现生的南美水豚鼠也有1.3米长，50千克重。而最小的鼠类，体重仅有20克，能在麦穗上筑巢！

据说，世界上每6个哺乳动物中就有一个是鼠。除南极大

潜山发现的5500万年前的东方晓鼠化石

西的原因，不是为吃，而是为磨，"啮"是它特有的生理需要。若要追究是谁给它们留下了这个显著特征，那就要归功于它们的祖先——东方晓鼠。

东方晓鼠是5500多万年以前生活在潜山地区的小型哺乳动物。1971年，古生物学家在这里发现了它的化石，我国科学家经过多方考证，确认它是现今最接近啮齿类祖先的动物，而将它命名为"东方晓鼠"。科学家阐释其命名的由来时说："东方晓鼠的发现对啮齿类的起源问题犹如东方旭日，朦胧欲晓了"。所以鼠化石在古生物地层学上具有重要的科学价值。

淮河古象

淮河古象是1972年在怀远县的治淮工地上被发现的。像这样完整的古象骨架，在我国还是第一次发现。

从外观上看，这具古象体型巨大，它高4米，长8米，仅头骨和一对门齿的重量就有1000多斤，生物学家根据这些特征来推算，它的体重应当是8吨左右。现在世界上最大的象——非洲象，体重大约是6.5吨，但与它相比还少3000多斤。您知道这样的庞然大物的祖先是什么样子吗？说出来令人难以相信，据古生物专家的考古发现，它的始祖就如同现代的家猪一样。

在5000多万年以前，始祖象仅仅生活在非洲北部地区，那里的气候湿热，河湖纵横，正是它们生息繁衍的最佳环境，因为始祖象经常生活在浅水里，主要靠吃水草过日子，跟现代的河马有点相像，它既没有长长的鼻子，也没有长长的象牙。

世界上所有的生物都是和环境息息相关的，环境改变生物，生物也改变环境。在3000多万年以前，地球上出现了大面积的森林和

怀远发现的20万年前的古象化石

带你走进博物馆

草原，始祖象为了适应环境，在遗传变异中逐渐分成两支，一支叫恐象，另一支叫乳齿象，恐象很可能是适应环境的能力比较差，在千千万万生物群的生存竞争中衰落了，大约在200万年前，恐象在地球上灭绝了。

乳齿象这一支却适应了森林草原的自然环境，所以它们繁荣起来，到了1000多万年前，地球上大部分地区都有它们的足迹，它们的子孙为了适应不同的自然环境，逐渐又分成很多支脉，例如一种叫猛犸的古象就很特别。大家都知道，象是热带和亚热带的动物，但是猛犸象一身长毛却能生活在比较干燥、寒冷的地方，原苏联的西伯利亚，在80万年到1万年前这段时间，就生活过大批的猛犸象。

古代乳齿象的子孙虽然有很多分支，生物学家根据他们的特点起了很多有趣的名字，如嵌齿象、铲齿象、剑齿象、菱齿象等

等，而从生物进化的观点来看，他们从一支进化到另一只，身体不但渐渐壮大起来，鼻子也慢慢变长了，成了觅食不可缺少的工具，从前短短的门齿也逐渐长成了粗大的象牙，成了抵御敌人的武器。

如果我们把淮河古象的肌肉也恢复起来，您一定会发现，它和现代的大象差不了多少。这种象在生物进化史上接近于非洲象的原始类型，具有比亚洲象和猛犸象更为低平的头顶，它的臼齿咀嚼面经过磨蚀后呈现菱形的齿环。所以被命名为"淮河古菱齿象"，简称"淮河古象"。

专家们根据这具古象化石的骨缝和骨骼的愈合程度、门齿的年轮及臼齿的磨蚀情况来分析，它的年龄约为60岁，是一头老年公象。根据古象化石的石化程度、出土层位以及共生动物群的性质来分析，它大约生活在20万年以前。

据此可知，我们现在的淮河流域在当时应为气候湿热的森林草原地带，植被厚密，水源充足，适于象类的生存。后来由于地壳变动和其他原因，尤其是第三纪以来的多次造山运动，第四纪冰川使气候和自然环境不断变化，破坏了象类和其他动物赖以生存的自然条件，多数象类灭绝了，现在世界上仅存两支，一支生活在我国云南、亚洲南部，即亚洲象，而大部分都生活在非洲，也就是我们所说的非洲象。

和县猿人及动物群

"和县猿人"是30万年前生活在安徽境内的一支原始人类。

1980年11月，考古工作者在和县陶店乡汪家山的龙潭洞发掘出一具完整的猿人头盖骨化石。它的特点是额骨低平，头骨骨壁较厚，眉骨粗状隆起，脑量小。根据其头部骨缝的愈合程度考证，这个头盖骨是属于一位20岁左右男性青年的。

在这个洞穴堆积中，考古工作者还发现了大量的动物化石，其中有北方的剑齿虎、肿骨鹿、中国鬣狗、棕熊、额鼻角犀，南方的大熊猫、巨河狸、剑齿象、巨貘以及长江下游地区特有的扬子鳄等50余种。

和县发现的30万年前的猿人头骨化石

"和县猿人"及其动物群的发现,对于研究人类起源和发展,南北方猿人的特性与差异,以及古地理、古气候等方面提供了珍贵的实物资料,为"淮河动物过渡区"的确立找到了重要依据。

繁昌人字洞旧石器遗址

繁昌人字洞旧石器遗址是欧亚大陆迄今为止发现最早的古人类活动场所。

遗址位于繁昌县孙树镇癫痢山南坡,因洞口剖面酷似"人"字形而得名,而它更深刻的含义就是希望能在其中发现古人类的化石。

1998年5月,安徽的考古工作者接到国家交给的一项任务,在安徽境内寻找早期人类起源的线索。他们在繁昌进行野外调查时意外发现了这处遗址。在此后的10年时间里,考古学家在这里进行了7次系统发掘,共采集到75种上万件动物标本,以及几十件人工打制的石器和骨器。通过研究,科学家和考古工作者破译了大量的远古信息,为我们描绘了居住在这里的远古先民们的生活画卷。

这批石器制造得比较粗糙,以刮削器为主,没有砍砸器,由此反映出当时的人

繁昌人字洞旧石器遗址
发掘现场

们仍然过着采集的生活，还没有狩猎的能力。而骨器的加工却比较精细，这说明他们已经熟练地掌握了骨器加工的技能。

专家们还发现，这个动物群的75种动物中有四分之一是古老种类，如真马等，这说明该遗址的地质时代是更新世早期，年代大约是250万年左右。大量小型哺乳动物化石的发现，表明在长江南岸的人字洞动物群具有浓郁的北方色彩，由此证明当时的气候环境比现在要寒冷。

有科学家曾做过这样的调查统计，我国有2000多处古人类遗址，在这些遗址中发现的主要是石器和人类使用过的工具，只有在不到十分之一的遗址中找到了人类的化石。这是因为在那个时候，人类还是一个很小的群体，数量少。即使他们在某处生活过，其遗骸形成化石的机会也很小，即使形成化石，由于自然和人为的原因，能够被考古工作者发现的机会就更小了。

经过10年的努力，在人字洞遗址中虽然还没有找到人类的化石，但人类使用过的石器和骨器，就足以表明它的主人200万年以前曾经在这里生活过。

时间匆匆，我们结识的只是安徽古生物大家庭中的少数几员，在这个家族中还有更多的成员等待我们去认识。

（惠立）

带你走进博物馆

千年吉金　雄浑风范——馆藏青铜器精品展

在中国王朝更替的历史上，秦代以前经历了夏商周三代，我们习惯称为三代或是先秦时期，那时候社会实行严格的等级制度，"礼"是人们在社会生活中交往的仪式，青铜器被统治者当作礼乐制度的物化代表，成为人们社会权力、地位的象征，受到王朝统治者的高度重视。青铜器除祭祀、婚媾、宴享、朝聘、会盟、铭功颂德等被称作礼器外，还被制造成兵器、生产用具和生活用具，因此夏商周时期也被称之为"青铜时代"。可以说夏商周时期的历史就是凝固在了青铜器之中。

在那段岁月里，今天的安徽长江与淮河流域就有不同的部族先后在这里生息繁衍，他们所创造的青铜文化被先后载入史册。

安徽的北部地区与中原毗邻，上古时淮河的两大支流颍水、汝水直通中原腹地，两地交通便捷，来往密切，夏、商、西周时期以中原为代表的繁荣的青铜文化广泛深入地影响着安徽地区。

单扉铜铃是安徽境内出土的最早的空腔青铜器，1972年出土于肥西馆驿大墩孜遗

肥西出土的夏代单扉铃

址，距今已有3000多年的历史。这种形式的铃是中国最早出现的青铜乐器，迄今为止，仅在河南偃师二里头夏文化遗址有出土，铃体的合瓦形开创了商周青铜乐器造型的先河，尤其是奠定了先秦时期双音钟形制的基础，是音乐史上具有划时代意义的新成就。与这件铜铃同时出土的还有具有夏文化特点的青铜斝，这在全国其他地区尚不多见。据文献记载，夏代理正皋陶的后人封于六，即今天六安一带，夏文化特点青铜器的出现也印证了古文献的相关记载。

在淮河沿岸和江淮地区北部先后发现了多批商代青铜器，这些青铜器制作精良，具有中原商代晚期青铜器特征，它们证明了安徽地区在商代晚期存在着比较发达的青铜文化，对于研究商文化向东南的传播具有十分重要的意义。

这件商代兽面纹斝1965年出土于肥西县

肥西出土的商代兽面纹斝

带你走进博物馆

馆驿糖坊，通高55.3厘米，是安徽迄今发现的最大的青铜斝。它的口沿上有高大的帽形双柱，腹部饰有三组兽面纹，显示出中原商代晚期青铜器风格，反映了商文化对江淮地区的强烈影响。

1957年出土于阜南县朱寨月牙河的商代

阜南出土的商代兽面纹尊

兽面纹尊，形体硕大，气势雄浑，富丽端庄。纹饰装饰上采用三分法，肩部兽首和云形扉棱间隔分布，并与腹部兽面纹和圈足十字镂孔上下呼应，浮雕手法的广泛运用进一步丰富了全器的层次感。正是由于器腹采用高浮雕纹饰，导致器壁厚薄不均加剧，故而这件尊在铸造上采用了独特的方法，即在制作范芯时根据浮雕纹饰的走向调整芯面的高低，使器壁厚薄差异控制在一定范围内，保证了铸器的成功，这种铸作方法反映出当时淮河流域青铜文化的发展水平。

铙是古代将领用于指挥军队的用具，古文献有"以金铙止鼓"的记载，就是通过敲击铜铙来命令军队停止前进，商代晚期常以几件一组的编铙形式出现，但这只是指北方流行的小型铙。而在长江以南的湖南、江苏、浙江、江西、福建等地，出土有不少形同小型铙而体量硕大者，学术界称之为大铙。大

庐江出土的商代兽面纹大铙

安徽长江以南地区，自古就是越族人祖祖辈辈居住的家园，这里的人们在学习继承中原青铜文化的同时，创造出独具魅力的吴越文化。皖南所出的青铜器器体乖巧细腻，纹饰精美，将越人精巧细腻的特点发挥得淋漓尽致。

卣是用于盛放和有香草的酒浆的容器，这种酒浆商周时期称为秬鬯，是祭祀时的必

铙绝大多数是单独一件，北方至今尚未发现，故而它被视做南方青铜文化的代表。这件兽面纹大铙主纹为浮雕兽面纹，在粗壮的兽面纹上又用细线勾勒卷云纹，形体厚实凝重，出土地点位于江淮之间的庐江县，这也是目前所知出土青铜大铙的最北地域。

屯溪出土的西周公卣

备用品。这件西周中期的公卣，造型稳重，纹饰华丽。凤鸟纹、龙纹、蝉纹、牺首和谐统一。尤其是凤鸟纹羽冠交缠飘逸，在西周青铜器中实属罕见。在公卣的器盖、器底铸有铭文"公作宝尊彝，其孙子永用"，表明了它是当年宗庙里祭祀活动时的重器。

蟠虺纹卣是北方中原文化和南方吴越文化融合的结晶，它的形体取自商末周初中原卣的造型，花蕾形盖钮，高盖沿，腹部主纹蟠虺纹又称棘刺纹，是南方越文化所特有的装饰，在蟠虺纹上下两端又配饰有中原常见的圈点纹带。二者相互映衬，完美结合，器物风格清新精致，中原青铜文化在这里得到发扬光大。

几何变形兽纹簋，腹部主纹为折线的

屯溪出土的西周蟠虺纹卣

几何形编织纹，这种纹饰来自于编织物，是南方青铜器上特有的纹饰。它的特别之处还在于上层几何编织纹的中部装饰有变形兽纹，以类似乳钉的圆点纹为地，兽面两侧似作宽大伸张的两翼。这件簋腹部为饰满

但本地区发现的方体器座均为方座上立有空心单柱，从未有多柱之形，其原本功能的解密尚待更多的考古资料。

此器腹部云纹由两组相似的T形云纹左右交连组成一个纹饰纹饰的阳纹，横竖线条交错，颈耳足为阴纹，耳部兽首有圆雕附饰，层次丰富，吴越文化特色强烈。

云纹五柱器是展览中最具神秘感的器物，由于这种形体的器物在其他地方尚未发现，学术界对它的功用长期存在着不同的解读。早年有人认为是乐器，但其五柱本身并不具备发音效果，方形腔体虽可发声，却与中国古代乐器作合瓦形、椭圆形、圆形的定制大相径庭。近年来有人认为是器物底座，

屯溪出土的西周云纹五柱器

带你走进博物馆

单元，整体上更近似于勾连云纹，云纹线条末端、转角或交连处有加粗或歧出。此式云纹在屯溪各墓器物纹饰中非常普遍，是典型的吴越纹饰特征。

吴越地区的兵器举世无双，《周礼·考工记》将"郑之刀、宋之斤、鲁之削、吴粤（越）之剑"并称为当时天下最精良的工具和兵器。1982年在庐江出土的吴王光剑，剑格铸花纹，原嵌有绿松石，剑身铸有16字铭文。吴王光，即吴王阖闾（公元前514－前496年在位），春秋五霸之一，公元前506年以伍子胥、孙武之谋合唐、蔡之兵大败楚军并攻破郢都，名扬于诸侯。这柄剑为典型春秋晚期风格，保存基本完好，铭文是吴王光剑中最长的一件，体现出吴国军队战胜敌人的冲天霸气，虽历经2000多年岁月，至今依然光洁锐利，是存世仅有的几柄吴王光剑之一。

春秋战国时期，安徽地区出现了多种

庐江出土的春秋
吴王光剑

文化并存的局面，中原文化、吴越文化、楚文化、群舒文化在这里互相交流，相互渗透，从而在青铜器上形成了丰富多彩的文化面貌。

盨是祭祀宴飨时盛放黍稷饭食的器具，一般成偶数组合，出土器物铭文有自名"盨簋"的，表明其功用与簋相同。盨为西周中期末新出现的器物，但仅流行于西周晚期，至春秋早期已罕见。这件春秋时期的蟠虺纹盨盖顶作莲瓣形捉手，通体满饰蟠虺纹，纹饰细腻，工艺精湛，彰显出繁缛华美的气质。它的发现说明盨在北方中原地区消失后，淮河中下游地区仍然在延续使用。

在皖西一带，春秋时期散布着许多偃姓小国，史书上将他们统称为群舒。群舒是一群比较古老的国家，居于相对封闭的空间，

太和出土的春秋蟠虺纹盨

舒城出土的春秋兽首鼎

青铜器保留了商周时期的文化因素，甚为独特，兽首鼎可称为它们的代表性器物，它采用圆雕技法，鼎前端兽首突出，双角耸立，三足作兽蹄形，有的后腹部还有扉棱，整个器体像一只动物造型，故而又称作牺鼎。兽首鼎目

前只发现数件，是祭祀时的正鼎。它造型浑圆，体态憨厚，栩栩如生，地域特征明显，反映出这一时期青铜装饰从庄严肃穆向世俗审美的转变。

这件龙虎纹鼓座器器身满饰蟠虺纹，在圆圈形座上运用高浮雕的手法塑有怒吼的虎首与独角翘立的游龙，游龙盘结缠绕。此鼓座造型奇特，体形巨大，形象生动，线条流畅，在存世同类器中实属罕见。圈壁铸有铭文百余字，涉及舒、徐、吴、楚等

舒城出土的春秋龙虎纹鼓座器

国。为舒夷之器。

春秋末期，原本在淮河上游的蔡国迁入州来（今安徽寿县）。蔡为周武王弟叔度及其后代的封国，至春秋中期时逐渐被楚国所控制，春秋晚期时已成为楚国的附属。

1955年在寿县西门发现春秋晚期蔡昭侯墓，所出青铜器表明蔡器融多种文化于一体，兼容并蓄，博采众长，但楚文化的影响强烈，具有重要的历史考古研究价值。

莲瓣方壶是蔡昭侯自用的盛酒器，形体修长华美，颈部大龙耳屈体卷尾，似攀缘而上，壶底四兽翘首屈蹲，背承壶底，昂首吐舌，极具动感，传达出一种生命的活力。

春秋时期，贵族各阶层仍然盛行商周以来的沃盥礼，盥缶与盘和匜相配套

寿县蔡侯墓出土的春秋
莲瓣方壶

带你走进博物馆

寿县蔡侯墓出土的春秋盥缶

使用，盥缶用于储水，蔡侯盥缶就是蔡昭侯用于盥礼的水器。这件盥缶腹部较大，两侧原有双链提梁，盖上、腹上有圆饼装饰，饼饰间有阳纹线条的蟠虺纹，器身饰嵌红铜龙纹，造型和装饰风格均与典型楚器一致，表明此时的蔡器已纳入了楚文化的范畴之内。圆饼饰、龙纹采用了嵌红铜装饰工艺，这是春秋中期开始出现的一种新的装饰技术，这种装饰工艺优点在于通过两种金属的色泽差异，使纹饰更加醒目，富丽活泼，春秋中晚期盛极一时。

在蔡昭侯墓中还出土了两件吴王光鉴，形似圆形大盆，外壁有两个相对的套环兽耳，内壁近底处有四个小环。根据所铸铭文得知，这是吴王光（阖闾）为其女叔姬寺吁出嫁蔡侯所作之媵器。吴王阖闾十分重视这次吴蔡联姻，择吉日精选上好的铜料来为叔姬寺吁制作宗庙祭祀用的礼器铜鉴，最后还叮嘱叔姬寺吁恭敬自己的君主，子子孙孙都不要忘记，可谓语重心长。根据文献记载，春秋末期，吴楚相伐，作为楚国附属和长期盟友的蔡国在蔡昭侯时因不甘屈辱转而投靠吴国，吴蔡同盟建立。吴王光鉴的出土印证了史书的记载，反映出吴、蔡两国通过联姻来加强同盟关系的历史，对于研究春秋时期诸侯国之间的相互关系具有极其重要的价值。

寿县蔡侯墓出土的春秋吴王光鉴

开拓疆土，到战国时期成为各诸侯国中最大的国家，其继承、融合、创新的楚文化达到了顶峰，在南半个中国占据了统治地位。

1933年在寿县朱家集发现楚幽王墓，这是目前唯一发现的楚王墓，所出青铜器多形体高大伟岸，气势恢弘，体现了雄居南方的大国风范。

铸客大鼎，俗称楚大鼎，高113厘米，口径87厘米，重达400公斤，它高大威武，气势雄壮，堪称楚国重器，也是东周时期最大最重的青铜鼎。在造型设计上，大鼎也处处追求力量与气势的完美结合，三只雄健粗壮的蹄足，简括有力的高浮雕卷云纹，无不呈现出其主人拔山盖世的雄心壮志。纹饰装饰上，大鼎采用战国时期流行的模印技术，颈耳部一个个菱形云龙纹纹饰单元紧密相连，

此外，吴王光鉴出土时鉴内配有圆形尊缶和匜形勺，鉴腹内四小环与尊缶腹上四环两两相对，结合湖北战国早期曾侯乙墓发现的鉴缶形制，可知此鉴、尊缶应称为鉴缶。尊缶盛酒，匜形勺挹注，尊缶与鉴的间隙置冰用以冰酒，是为冰鉴。因此吴王光鉴可谓是目前已知最早的冰鉴。

春秋初年，在中国南方有一个大国开始崛起，这就是后来号称春秋五霸、战国七雄之一的楚国。从此以后，楚国通过南征北战，

寿 县 出 土 的 战 国 铸 客 大 鼎

左右排列，上下叠加，组成了华美的装饰，毫无重复之感。

在大鼎的口沿上刻有12字铭文，前两字为"铸客"，铸客即为外来客居于楚国的青铜铸造工匠，这反映出楚国在科技文化方面具有着包容开放的心态，也昭示了楚国由弱变强、由强而盛的道路。

楚王酓鼎是战国末期楚国宗庙祭祀礼器，它体形宽大，直壁平底，腹一侧开有流口，这种形制的鼎在商周时期尚不多见，鼎

寿县出土的战国铂鼎

下的三蹄足粗壮有力，足根部浮雕兽首纹，透露出楚器的高壮雄伟。

寿县出土的战国展翅攫蛇鹰

口沿外壁镌刻的"楚王酓肯作铸铂鼎以共岁尝"12字铭文阐明了这件器物的名称和用途，根据文献记载，每年秋天将以秋食敬献祖先，这种祭祀活动称作"尝"。由此可见，这件铂鼎是楚王专为宗庙秋祭活动而制作的重要礼器。

展翅攫蛇鹰是一件青铜雕塑艺术品，鹰首前伸，展翅，双爪抓住一首尾翘起的双身蛇，生动写实。稚拙的造型和质朴的手法显现出战国末期青铜艺术的写实风格，盘蛇的瘦弱更衬托出雄鹰的刚健和强者的果敢坚毅。根据器物形态推断这件作品有可能是某大型器物的盖顶。

鼒，即升鼎，是祭祀时盛放动物祭品的器物。商周时期各地具有相同用途的鼎虽然十分繁多，但唯有楚国把这种鼎的造型设计得与众不同，以示与其他的鼎的区别并取专

寿 县 出 土 的 战 国 铸 客 升 鼎

名称之为"鼐"，它是楚国青铜文化最具代表性的器物。铸客升鼎为束腰平底，腹部外壁分置四兽，四兽采用圆雕手法，张口卷尾，攀壁而上，富有动感。

根据铭文我们可以知道，这件铸客升鼎是专为王后宫中所制，是王后在祭祀活动时使用的最重要的的正鼎。

千百年来，在安徽这片土地上中原文化、群舒文化、吴越文化、楚文化先后交相辉映，相互影响，相互渗透，相互吸收，促进了古代江淮大地的发展进步，透过这些艺术作品，我们可以体会到古代先民的卓越智慧和中国古代文明的博大精深。

（李治益）

土之魂脉　火之精灵——馆藏瓷器精品展

瓷器是土与火的艺术，是中华民族的艺术瑰宝，历史源远流长，文化内涵丰富。

安徽省博物馆收藏的瓷器代代不乏，品种丰富，地方特色突出，不少为各历史时期的标准器。遍览安徽省博物馆藏瓷，如同浏览中国瓷器发展史，你会多有收益。

原始青瓷最早出现于商周时期，由于时代久远，流传至今的寥寥无几。1959—1975年的十几年间，安徽屯溪地区共发掘西周土墩墓8座，出土原始青瓷300余件，全部收藏于安徽省博物馆。这批原始青瓷，种类丰富，造型新颖，制作精良，为研究瓷器的起源提供了珍贵的参考资料，也成为瓷器展览的一大亮点。

原始青瓷瓶，主体装饰凸弦纹，肩腹间装饰斜线纹带，黄白色胎，青黄色釉，釉层薄且均匀光润，造型新颖别致，在300多件原始青瓷中仅此一件，在同时期的原始瓷器中也属少见。从胎上看，这批瓷器都属于高岭土，土质与安徽南部的祁门瓷土近似，属

屯溪出土的西周原始青瓷瓶

带你走进博物馆

47

南方青瓷系。由此看来，屯溪地区能出土如此多的原始青瓷也就不足为奇了。

东汉后期，瓷器进入成熟期，此后的很长一段时间里，青瓷一统天下。东汉时期的瓷器造型以罐类为多，往往受到印纹硬陶的影响，通体装饰印纹。

青釉四系罐，敞口，圆肩，椭圆形腹，平底微凹。肩附四横系，颈肩装饰凹弦纹和波浪纹，腹部满印细麻布纹。青灰色釉层，较

舒城出土的东汉青釉四系罐

薄，有流釉现象。体积硕大，造型端庄大方，纹饰规整朴素，传承了原始青瓷的装饰风格。麻布纹最早出现在新石器时代的陶器上，起初并非有意用于装饰，只是制作陶器时所用的垫布在器物上留下的痕迹，商周时，发展成专门的装饰纹样。

六朝是我国瓷器发展的第一个高峰期，高质量的青瓷主要出自浙江绍兴一带，属早期越窑产品，安徽、江苏、江西、湖南也有出产，但远不及浙江地区。社会的动荡，文化的发展，宗教的盛行都在很大程度上影响着瓷器的发展。明器的大量使用，直接反映了战乱年代人们的薄葬观念；动物造型栩栩如生，表现出社会文化的发展提高了世人的审美情趣；宗教元素的运用则反映出人们对美好生活的渴望以及对现实的无奈和屈服。

青釉卣，仿青铜卣的造型，椭圆形口，扁圆腹，高圈足外撇，肩部对称置羊形铺首耳，

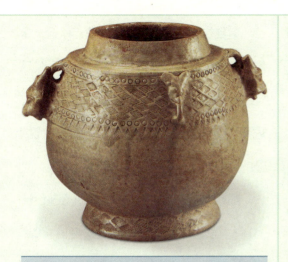

芜 湖 出 土 的 三 国 · 吴 青 釉 卣

器身及圈足分别以模印网状菱形纹带、联珠纹和菱形回纹装饰。胎质坚硬，青釉莹润，属于生产于浙江地区的早期越窑产品。东吴是六朝时期的第一个南方政权，政治中心在今天的南京，这件青釉卣就出土于芜湖地区，离东吴的政治中心较近，并与马鞍山朱然墓出土的青瓷卣极为相似，足见此类青瓷产品已被当时的上层社会广泛使用。

"南朝四百八十寺，多少楼台烟雨中"是唐代诗人杜牧《江南春》中的诗句，描绘的是南朝时期佛教盛行的景象。社会的动荡迫使人们从宗教中寻求内心的一丝宁静，上至如梁武帝一般的皇帝、王公贵族，下到普通的黎民百姓，莫不如此，于是像瓷器这样的生活用品也就留下了宗教的烙印。

青釉贴花罐，肩与腹部采用模印贴花技术装饰三组纹饰，莲蓬、朵花、动物、菩提等内容，体现了这一时期人们对佛教的顶礼膜拜、时时处处礼佛敬佛的社会现实。

寿 县 出 土 的 南 朝 青 釉 贴 花 罐

带你走进博物馆

隋唐、五代，是我国瓷器的又一个发展时期。唐代"南青北白"的局面逐渐形成，以越窑为代表的南方青瓷和以邢窑为代表的北方白瓷两相对峙。长沙窑创烧釉下彩，成为瓷器史上的一座里程碑，更值得一提的是安徽境内的寿州窑的黄釉，因陆羽《茶经》"寿州瓷黄，茶色紫"的记载而闻名天下。

泗县出土的唐代寿州窑
黄釉执壶

黄釉执壶，通体施蜡黄色釉，釉面光滑匀净。唐代寿州窑精品。执壶在唐代又叫做"注子"，是当时流行的一种茶酒具，喇叭口，短颈，鼓腹，双系，八棱短嘴，都是唐代执壶的典型特征。

细心的人可能会发现，唐代执壶在设计上有一个大大的"缺陷"，壶嘴粗短，装置高度大大低于壶的口沿高度，用这样的壶装酒是无论如何都装不满的。想来，莫不是在劝诫饮者不要"见酒贪杯"？当然，丰满、浑圆的造型，让人不禁联想到唐人那追求丰腴的独特审美观。

说到唐人的审美，就不得不说处于鼎盛时期的唐代越窑。陆龟蒙在《秘色越窑》中这样称赞它的釉色之美："九秋风露越窑开，夺得千峰翠色来"，从此"千峰翠色"成了越窑优雅的别称。越窑青釉荷叶口碗，宛如出水荷叶，叶边自然对卷，欲张还合，似初夏

肥西出土的唐代越窑青釉
荷叶口碗

合肥出土的五代白釉仰
荷式注子

小荷,一片生机。通体施青釉,釉面密布细小开片,给人"类冰""似玉"之感。

一般通过科学的发掘,出土于有确切纪年墓葬的瓷器都有很高的学术研究价值,往往被定为"标准器",成为鉴定断代的参考依据。白釉仰荷式注子,就是一件出土于合肥西郊的南唐保大四年(946年)墓的"标准器"。其腹似球形,前装六棱短流,后置扁带式曲柄,腹中部浮雕六片仰式莲瓣,典雅别致,小巧玲珑。其胎体洁白细腻,釉色类雪似银,为五代十国时期白瓷精品。

两宋时期是瓷器百花齐放,名窑辈出的时代,有闻名天下的五大名窑汝、钧、官、哥、定,还有北方的磁州窑、耀州窑,南方的江西吉州窑和景德镇窑、浙江龙泉窑、安徽繁昌窑、福建建窑等。安徽省内发掘的此期墓葬很多,如合肥包拯家族墓、宿松元祐二年(1087年)墓等,其出土瓷器造型精美,数量众多。

带你走进博物馆

合肥出土的北宋建窑
黑釉兔毫盏

建窑黑釉兔毫盏，内外皆施黑釉，釉层浑厚凝重，釉面光亮，盏口密布纤如毫发的兔毫纹，是宋代最好的斗茶工具。宋代斗茶之风盛行，上至皇宫下到百姓皆用此器斗茶。徽宗赵佶在《大观茶论》中写道："盏色黑贵，玉毫条达者上。"部分极品兔毫盏底部带有"御贡"、"进盏"等字样，可见它们早已作为"贡器"，进入皇宫了。

影青瓷，又叫"青白瓷"，其釉色"青中带白，白中泛青"，尤其是与青白玉有几分相似，宋人称之"类玉"。仔细端详，确有"宁静致远"之感，这与宋人志达高远的心境和文化修养不免有几分契合。宋代影青瓷以江西景德镇湖田、湘湖、南市街、柳家湾等窑的产品最为著名，质量最佳。此外，安徽繁昌窑，江西南丰窑、吉州窑等十几个窑口皆有烧造。

影青釉刻花炉，腹部浮雕两朵山茶花，

滁州出土的宋代影青釉刻花炉

姿态优美，线条简洁明快，刀笔处隐约可见青色"积釉"，灯光下更见"色白花青，光照见影"的效果，"影青"一词名副其实。

江西，不但有闻名天下的景德镇窑，还有位于吉安永和镇的吉州窑，南宋时期到达了顶峰，名噪一时，影响颇大。吉州窑是一个爱好"学习"的窑口，它不断地博采众长，锐意创新，产品不但有黑瓷、白瓷、青瓷、影青瓷、白地黑花瓷、黑地白花瓷，还有兔毫、油滴、玳瑁、剪纸贴花、木叶纹瓷等多个品种，种类繁多，为其他窑口所罕见。

莲花纹梅瓶，吉州窑黑地白花产品，其装饰手法上与北方磁州窑相似，但线条工笔细腻，婉约流畅，不见北方的粗犷写意，充分展现了南方窑口的地域风格。

元代景德镇窑创烧的青花、釉里红和卵白釉瓷器，对后世影响极大。都说蒙古人粗犷豪放，但这个马上民族统治下的瓷器产品却丝毫不见粗俗。

随着元代青花"鬼谷子下山图带盖大罐"在海外拍出天价，国内再次掀起了一股收藏研究元青花的热浪。

巢湖出土的南宋吉州窑黑釉白花莲花纹梅瓶

安庆出土的元代青花菱口盘

青花菱口盘，花瓣形口沿，盘内用青料绘两束莲花，并辅以水草纹，口沿画一圈卷草纹，整体纹饰简朴豪放，画风自然流畅，青花釉深蓝艳丽，浓处显有细小铁锈斑点。这类薄胎浅沿菱花口平底盘，为元代瓷器所独有。

釉里红是元代景德镇窑创烧的又一釉下彩品种，即以铜红料为着色剂在瓷胎上绘画纹饰，罩以透明釉，在高温还原气氛中一次烧成，使釉下呈现红色花纹。此类产品只有

在还原气氛中才能烧制成功，因此对窑室中的气氛、温度等要求极高。其存世量较珍贵的元代青花更为稀少，难得一见，在收藏领域也备受世人追捧。扬州博物馆收藏的一件元代釉里红"祈雨图"大罐，标价过亿元，为其镇馆之宝。

釉里红带盖罐，造型古朴端庄，所绘主体纹饰为四个菱花形开光，内绘"池塘鸳

合肥出土的元代釉里红带盖罐

鸾"、"凤戏牡丹"二组图案，辅助纹饰有莲瓣纹、古钱纹、卷草纹和朵云纹等，画面构图严谨，技法娴熟。这件釉里红带盖罐釉色鲜艳，可谓难得。

近几年，"处州官窑"这个词频频在各式媒体上出现，众说纷纭。一时间，位于古处州地区的龙泉窑又一次引起社会各界的广泛关注。

明代初期，已经烧造了数百年的龙泉窑并没有像多数窑口那样走向没落，反而异军突起，烧造出一批造型规整、纹饰精美的刻花龙泉产品，达到或者已经超过同时期的景德镇官窑的烧造水平。

玉壶春瓶是北宋时创烧的一种瓶式，由宋人诗句"玉壶先春"得名。瓶呈喇叭口，细颈，垂腹，圈足。宋代主要由北方各窑口烧制，元代以后，其形制遍及南、北方诸窑。

青釉刻花玉壶春瓶，合肥市永乐十二年（1414年）墓出土，器形浑厚凝重，胎色洁白

合肥出土的明代龙泉窑青釉刻花玉壶春瓶

细腻，通体着粉青色釉，釉层丰厚，釉面温润如玉。器身刻划缠枝牡丹纹、莲瓣纹、蕉叶纹、回纹等纹饰，应该就是文献中记载的"处州官窑"产品。

元代末年的农民起义对景德镇的制瓷业造成了一定程度的影响。明初，经过一段时间的恢复，加上郑和下西洋带回的优质钴料——苏麻离青，共同成就了永宣时期青花瓷器的又一个高峰。

带你走进博物馆

明·宣德蓝釉白花盘

　　蓝釉白花盘，为宣德时期珍品，盘内绘瓜果纹，外壁饰莲花纹，蓝白二色相互辉映，鲜艳夺目。蓝釉白花作为青花的一个特殊品种，更为稀少。

　　明代中后期，烧造了数百年的德化窑终于迎来了它的鼎盛时期，并以一种俗称为"猪油白"的瓷器雕塑享誉海内外，中国人称之为"象牙白"、"猪油白"，西方人则称之为"中国白"、"鹅绒白"。据《天工开物》记载："德化窑唯以烧造瓷仙精巧人物、玩器，不适实用"。可见，以神仙人物为题材的瓷雕艺术品无疑是其主要产品之一。

　　德化窑送子观音，怀抱童子，脸庞俊秀，神态安详，身着长衣，衣褶流畅。通体施釉，釉面乳白细腻，犹如象牙光色，又如凝脂欲滴，无愧于"象牙白"、"猪油白"的形象比喻。

明代德化窑送子观音

清代康雍乾三代青花自不用说，康熙五彩、珐琅彩更是绚烂夺目。这一时期，瓷器的烧造工艺达到了前代所无可攀比的颠峰，形形色色的单色釉新品种也是爆炸式地逐一闪亮登场，宝石红、豇豆红、霁蓝、洒蓝、黄釉、豆青等，让人目不暇接。

清·乾隆茶叶末釉瓶

收藏家马未都先生曾讲过一个捡漏的故事，让不少人听了羡慕不已：在花鸟市场，一位丝毫不懂瓷器的画家，花五元钱买了件扁瓶，后来发现，竟然是一件乾隆官窑的上等茶叶末釉瓷器，价值不菲。

那乾隆时期的茶叶末釉瓷器，究竟是什么样子呢？孙大光先生捐赠给安徽省博物馆一件茶叶末釉花瓶，就是乾隆时期的精品，其造型扁圆，釉色偏绿，颇似茶叶细末。这种茶叶末釉还被人形象地称作"蟹皮青"，古朴清雅，耐人寻味。

安徽省博物馆藏瓷器精品作为人类珍贵的文化遗产，具有很高的历史价值和艺术价值，一件件精美的器物向人们展示了一幅绚丽的瓷艺画卷。

（卞坚）

带你走进博物馆

朴质归真　天人合一——徽州古建筑陈列

"徽派建筑太美了，不仅在全国没有，在全世界也没有！"这是著名美学家王朝闻先生对徽州建筑考察后的评价。它美在人居与自然环境的依恋相处，美在粉墙黛瓦与青山绿水的自然和谐，美在雕刻艺术与建筑形式的相互生辉。

徽州古建筑俗称徽派建筑，它是对安徽省境内长江以南地区1911年以前的具有历史、艺术、科学价值的民宅、祠堂、牌坊、书院、楼、台、亭、阁等民用建筑物的统称。徽州位于黄山脚下，古称新安，北宋宣和三年（1121年）建徽州府，遂得名，徽州文化在明清时达到鼎盛。徽州古建筑作为文化的物化形态，亦由最初的居住形式演变成融实用价值、审美价值和情感价值为一体的建筑文化形式，其在村镇规划、平面及空间处理、建筑雕刻艺术等方面的综合运用都具有鲜明的地方特色，是明清时期中国乡土建筑的代表。

徽派建筑是天人合一的完美体现。徽州人十分重视整个村落的选址和布局，他们按风水"气"理，"相土尝水"、"择地卜居"，将筑房"点穴"与山水联系起来，从而造就朴实归真，天成化合的大境界。徽州民居总体布局上，依山就势，负阴抱阳，注意利用自然环境。典型的如"山为牛头树为角，桥为四蹄屋为身"的"牛形村落"——宏村，不仅解决了生产、生活和消防用水，而且调节了气温并改造了自然环境。同时，徽州人十分重视村居生态环境的保护，他们爱护山水形胜，将"山川形胜"与"祖宗血脉"联系起来，把尊祖与尊重自然相统一，家族伦理与生态伦理相结合。徽州人这种"天人合一"的观念是徽州古建的灵魂，也使得人与自然和谐共处，使得人居建筑处于良好的生态环境中。

"徽州古建筑陈列"从水口园林、牌坊、祠堂、民居与建筑构件装饰艺术等五个方面来全面展示徽州古建筑的魅力，让观众走进博物馆与徽州古建筑进行超越时空的对话，集中领略徽州文化的魅力和积淀，了解徽州先民重视保护生态环境，表现诗意化人居环境的文化，感受古代劳动人民创造的智慧。

进入展厅，宛如走进古徽州人家，厢房—厅堂一字摆开，与展厅四周的墙围成长方形的天井，漫射的光线似把大自然的阳光、空气引入，让人享受到了自然的恩惠，厅堂正面的太师壁上悬着"崇善堂"匾额，两侧对联为：

"世事让三分天宽地阔，心田存一点子种孙酬"，中间挂一名人山水，翘头案上有青花大瓶、玻璃镜、八仙桌、太师椅、玫瑰椅和茶几一应俱全。点缀的宫灯，把厅堂照得通体明亮，整洁典雅，好似在迎接贵宾的到来。

徽州民居中"天井"是核心，由于住宅结构不同，"天井"的样式、大小不尽相同，但家家户户都有四面被墙围成的长方形天井。狭长的天井，用于采光、通风、排水，天井四周是坡面屋顶向内倾斜，下雨时雨水流下归于堂中，俗称"四水归堂"。

厅堂是民居中最重要的功能所在。由于徽州人当时多身居异乡，厅堂在实用性的基础性上又加入了祈福家人"平安"的寓意。因此，厅堂内的陈设也形成了一种特有的程式化布局：东瓶（平）西镜（静），正中摆放长鸣钟，是徽州人对天下太平，希望"终身平静"、长命吉祥的追求。徽商正是在这既隐秘

带你走进博物馆

又敞亮的天井旁的厅堂进行商业筹算，把天井的水流象征为财源，因此"四水归堂"和"肥水不流外人田"的寓意就成为商人聚集财富的文化观念。"四水归堂"的天井形式和"终身平静"的厅堂陈设，便成了一种不可僭越的定规而一直沿用到今天。

如果说"天人合一"是徽派建筑的灵魂，那么"四水归堂"应是徽建的内涵，而"粉墙黛瓦"就是徽州古建筑外在美的一大特征。粉墙黛瓦散布于青山绿水中，白墙黑瓦"马头墙"的韵律，静中寓动，组成了立体的富于变化的景观，在星罗棋布的粉墙黛瓦中，人居空间则散发出浓郁的文化气息，非常耐人寻味。

展厅中五分之一大用真材实料做的歙县的许国石坊模型；明嘉靖年间始建的"贞静罗东舒先生祠"的主体建筑寝殿"宝纶阁"模型；明代西溪南村，据说是江南才子祝枝山

设计的老屋阁模型。还有陈列着的许许多多的作为民居廊屋隔断的隔扇门、花窗、栏板，让观众有从廊间穿过的实景感，四周的白粉墙，青灰色石板地面，灰褐色的吊顶，使整个展厅显得简约、质朴，营造出了厚重、朴素、唯美的空间氛围。

许国石坊，位于歙县城中，跨街而立，建于明万历十二年（1584年），坊高11.4米，南北长11.5米，东西宽6.77米，总面积78.13平方米，八柱落地形制和建筑艺术在全国是独一无二的。因坊主为明嘉靖、隆庆、万历三朝元老，万历朝任礼部尚书兼东阁大学士、武英殿大学士许国，故称许国石坊，许国石坊模型仅是实物的五分之一，但四面八柱、梁枋、栏板、斗拱、雀替，无论是选材用料、尺寸造型、制作工艺都是一丝不苟，与原物无二。尤其是石坊之匾额"恩荣"，额枋擘窠大书"大学士""上台元老"均出自明著

明代歙县许国石坊

名书画家董其昌之手，由此可见许国石坊的主人在当时极高的社会地位。整个石坊全部采用青色茶园石料仿木结构砌成，宏伟庄重，坚固厚实。石坊遍布雕饰。梁坊浮雕图案，柱础台基雕有形态各异的大小狮子8座，风格古朴，工艺细腻，是徽州雕工的杰作。

带你走进博物馆

明代歙县宝纶阁

架，图像清晰，色泽艳丽，图案非常罕见，实为不可多得的彩绘珍品。建筑气势宏阔，其雕刻、彩绘之精美，堪称中国祠堂之冠。

老屋阁位于歙县西溪南村，系明代两淮盐业八总商之一吴氏于明代中期所造，砖木结构二层楼房，五间二进，下层矮，上层高，为徽州典型的明代住宅，具有很高的历史价值，民间工匠在受社会营造等级限制的前提下，使平面布局做到紧凑、节约、完整、统一并充分运用空间，创造了一种曲线较多的华丽活泼的建筑形式，在古代建筑史上有十分重要的地位。

宝纶阁位于歙县呈坎村，明嘉靖年间始建，是贞静罗东舒先生祠的寝殿。由72根大立柱构成11个开间，明代民间彩绘布满梁

许国石坊、宝纶阁、老屋阁古建模型均由徽州古建研究所精心制作。这些模型根据

实地测绘，按比例精心设计，精心施工。许国石坊、宝纶阁、老屋阁模型中所用的一木一石，都是优中选优，尽量接近实物。他们所用的一砖一瓦更是打泥制坯，入窑烧制而成。模型中的建筑构件，门能开，窗能启，雕梁画栋，丝毫不差，让人观之惊叹不已。他们把模型中建筑构件与审美高度统一，从而保证了模型的科学性和艺术性。

徽州古建筑中独具魅力的是"三雕"，即建筑构件装饰艺术中的木雕、石雕、砖雕。无论是民居、祠堂、牌坊，处处都有雕刻精美的图案，无论是门楼、梁柱、额枋、斗拱、门窗等构件都因三雕艺术大放光彩。把徽州古建筑构件的实用价值与人们的审美情趣完美地结合，徽州古建筑则更为完整，更具魅力。三雕艺术的独立性和独特性，是一种社会意识，也是一种历史范畴，它与当时该地区的时代生活和社会发展紧密相连。

砖雕一般多用于门楼、门罩等外部空间，从功能上来讲它不怕风吹日晒、雨淋，门罩、门楼可以防止水直接落到门上，从视觉上来说则有很好的观赏性，这种砖雕形式从而受到人们的喜爱。门罩砖雕《游春图》主

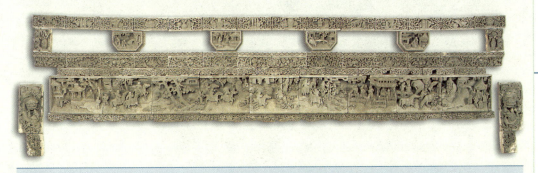

清代游春图砖雕门罩

带
你
走
进
博
物
馆

清代
凤戏牡丹图砖雕

清代
四狮戏球图砖雕

题图案用9块大小不等的青砖雕成，四周为"渔、樵、耕、读"和瓜果图案，整个门罩共计有76块砖雕图案，主体与边饰主次清楚，层次分明。它在艺术处理上，手法独到，由"一池春水"、"主仆踏青"、"诗文会友"、"催马加鞭"、"峰回路转"、"更入佳境"、"松风小憩"、"落霞分别"、"美不胜收"九个情节组成，计有20人、10马，寸人寸马，人的五官表情、马的姿态刻画得栩栩如生，山石树林，鳞次栉比的房屋，小桥流水，无不惟妙惟肖，宛如一幅中国画的长卷。

木雕，主要分布在木构件之梁枋、撑拱、雀替、门窗、栏杆等上面。这些构件面积有限，但木雕艺人却在此狭小的空间内或刻画了一卷卷生动的戏剧场景和历史故事，或刻画了一组组山水花鸟、草本鱼虫，纹样千变万化，生机盎然。人们居于室内与它们日夜相伴，犹如置身于自然之中。展览

清代张果老倒骑毛驴图
木雕撑拱

带你走进博物馆

清代棋乐图木雕窗栏板

展出各种建筑构件之木雕近 50 余件，在它们中有圆雕，有浮雕，有浮雕与漏空结合的技法，图案题材大多为吉祥图案，寓意美好，极具观赏性。

石雕，多用于建筑物的基座、柱础、栏板、漏窗等构件。由于石质材料坚固耐久，适合于建筑物的外部装饰。如漏窗，既通风采光，又十分美观，石雕的题材较木雕、砖雕范围窄，但是或人物或祥云瑞鹤，都充分体现了石雕庄重、质朴、大方的特点。

徽州的山美，水美，古代建筑更美。徽州的古代建筑虽历经了数百年的岁月风霜，变得斑驳了，但那份凝重，却蕴含着深厚的历史。徽州古建那"天人合一"的理念，"四水归堂"的天井，"粉墙黛瓦"的马头墙，建筑构件的"三雕"，所承载的中国传统文化内涵，所传递的社会历史信息，无疑是人类文明进程中一份不可多得的永恒的宝贵财富。

（董松）

无意竞芳斗艳　馨香漫洒人间——潘玉良作品展

1984年春，旅法女画家潘玉良的4000多件遗作运回国内，一位曾活跃在20世纪30年代中国画坛并在中国近代美术史上占有重要地位的艺术家又重新进入了人们的视野。

潘玉良，原名陈秀清，1895年6月14日出生于江苏扬州一个贫苦手工业家庭，幼时父母先后亡故，被娘舅带到安徽芜湖卖掉，幸被潘赞化救赎，二人结为伉俪，随夫改姓"潘"。

婚后二人迁居上海，自幼喜爱绘画的潘玉良跟随上海美术专科学校教师洪野先生学习素描、色彩，并考入上海美专西洋画科学习。1921年，潘玉良考取法国里昂中法大学，成为其在国内招收的第一批留学生。留学期间，她先后进入法国里昂国立美术学校、巴黎国立高等美术学校和意大利罗马皇家美术学院研习绘画，同时进修雕塑课程，师从绘画大师康洛马蒂，并结识了徐悲鸿、常玉等艺术家。由于学业优异，潘玉良获意大利教育部奖励一年津贴5000里尔，作品参加意大利国家展览会，成为第一个获得国际荣誉的中国女西画家。

潘玉良于1928年回到国内，先后担任上海美术专科学校西洋画系教授和系主任，并受徐悲鸿之邀任国立中央大学西画教授。同年11月28日，潘玉良第一次个人画展"潘玉良女士留欧回国纪念绘画展览会"在上海举行，"旅沪各国侨民咸到会评览，叹为中华女子作家之冠"，展示了自己的绘画成就，确立了其在中国油画界的地位。

回国期间，潘玉良将主要精力放在了美术教学和艺术创作上，先后举办个展5次，1934年中华书局出版了《潘玉良油画集》，被誉为"中国西洋画中第一流人物"，后于1937年再次赴法，直至1977年在法国病逝。在法国40年中，她的作品经常参加各类沙龙展览并远赴美、英等多国展出，先后获奖20多次，被授予比利时金质奖章、巴黎市长"多尔烈"奖、法国"文化教育"一级勋章等多项荣誉。

潘玉良"不仅是画家，还是雕塑家，是一个全面的艺术家"，她的画作路子很宽，油画、彩墨、素描、版画、粉笔画、雕塑无所不能，创作题材广泛，人物、风景、人体、静物，无所不精。

安徽省博物馆共收藏潘玉良遗作4000多件，主要为她1937年以后创作的油画、彩墨、白描、素描等作品。

油画作品是潘玉良艺术作品中的精华。

20世纪初期正值西方现代艺术兴起，她从西方古典主义入手，继承了印象派的艺术思想，在吸收西方艺术精华的同时自觉地强调自己的民族文化身份，将中西文化合于一体。在她的油画作品中，既可以见到她学习西方绘画的坚实根底，又能体现其继承民族传统的笔墨情趣。特别是她在30年代以后的画作，借鉴了印象派和野兽派技法的有益因素，强调画面色彩的块面分割和线条勾勒的特征，使印象派的互补色观念充分发挥，并吸取中国传统绘画和民间艺术的营养，运笔潇洒自如，刚健沉稳，赋色浓艳明快，雍容华丽，富有强烈的民族特色。因为她把本民族传统绘画中的意境、笔韵融入到了西方油画的表现之中，所以人们在她的作品中能体会到一种细腻、舒展、爽朗的东方格调。

这幅1940年创作的《自画像》是潘玉良的重要作品之一，画中的作者身着黑色的素

带你走进博物馆

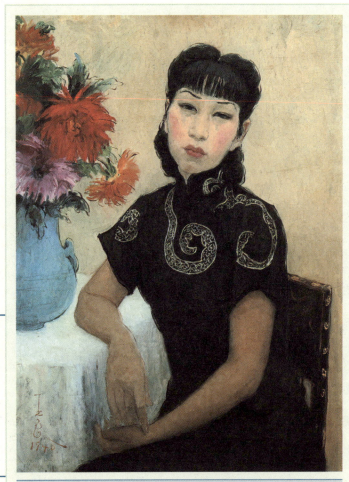

潘 玉 良 自 画 像

开的红色花束使整个画面构图饱满，色彩艳丽而明快，但这一切都无法掩饰一双忧郁的眼睛，眼神中饱含的落寞和哀愁将作者的心迹暴露无余。潘玉良的自画像，无丝毫的娇柔与妩媚，眼神中总是透出一丝的哀怨。她身受女性身份和社会角色对其的限制，无法摆脱中国传统伦理道德规范的羁绊，只有通过作品流露出细腻、委婉、清淡、哀怨的女子本色，从而呈现出对命运的抗争。潘玉良以自画像中的形象为载体，作品中蕴涵着自我的心思、情感、状态、愿望等诸种体验，是她自身生命状态的传神写照。

花旗袍，精心描抹的红唇和细眉，脸颊上淡淡的红晕，斜着头优雅地坐在桌旁，左边盛

在潘玉良众多的静物作品中，菊花是她

的钟爱，据说这是因为她的丈夫潘赞化最喜欢菊花。她的静物作品，用色饱和，笔触有速度感，作品主题以花的开放、凋谢形成意念表达，诠释自己对"生命"的注解。

《野菊花》创作于1942年，保持了深受印象主义影响的明亮光线和鲜明色调的特点。画面中一个插满白菊花的花瓶置于桌上构成画面的主角，与左右两边黄色的瓷盘和蓝色的书籍形成了强烈的色彩对比，也增加了构图的层次感。一般来说，白色在画面中

野菊花图

双 人 扇 舞 图

很容易单调，但她在描绘时，在白花中掺杂黄蓝绿色于其中，极好地削减了单调感，使白花既成为视觉的中心，又和整体色调相融合，在简单中表现出丰富的色彩和光影变化，从中可以看出印象派对她的影响。整幅

作品用色丰富，笔触明快，和谐的色调，娴熟的技法，质量感和空间关系的妥善处理，让这幅画成为潘玉良静物画中的代表作。

《双人扇舞》是潘玉良20世纪50年代中后期创作的一批以中国民间妇女活动为题材

的油画作品的代表，扇舞画题材是潘玉良最具特色的个人印记，也是她对故土思念的表现。画中两个穿戴民族服饰的女子—穿红衣，一穿绿衣，均着白色绣花长裤，脸上扮妆浓烈，右手举扇，侧身屈体呈夸张的S形舞动着，微笑的脸上在眉宇间流露出对故乡的帐惘和愁绪。整个画面，设色浓艳，大胆使用了红绿补色，构图坚实而夸张，画面奔放而深沉，色彩绚烂而宁静，有着强烈的律动感和独特的东方色彩。潘玉良在这类题材的表现上，熟练地运用西画色彩，反映出她受野兽派大师马蒂斯大块纯色表现的影响；技法中融入的传统国画线条，是她以面向世界的眼光和对传统审美的凝视，表达了自己对传统文化的独特审视和独具个性语言的个人审美理想的追求。

潘玉良在1942年后尝试彩墨画的创作，她主张"由古人中求我，非一从古人而忘我"，用彩墨试写人体、静物、走兽飞禽，坚持"合中西于一冶"的艺术探索。她的彩墨画结合中国书法的线条，勾勒外部轮廓和整体画面的统一，将墨线准确把握对象形体和质感成功地引进画面之中。在背景的处理上，她突破了传统文人画的"布白"框子，用交织重叠的短线组成肌理，加上擦染做出油画般的层次的背景烘染和后期印象派的点彩以及其他流派技法的合理运用，使作品始终充盈着故乡泥土的芳香，表现出强烈的东方艺术特色。

《梳妆》作于1961年，人物作为画面的主体占据画面的中心位置，人物造型手法写实，流畅的线条使造型有较强的律动感。在技法上，充分发挥西画背景烘染和后印象派的点彩手法，用点、线、面创造了丰富的肌理效果，色彩绚烂、宁静，富有表现力的画面很好地展示了东方绘画的意境、韵

带你走进博物馆

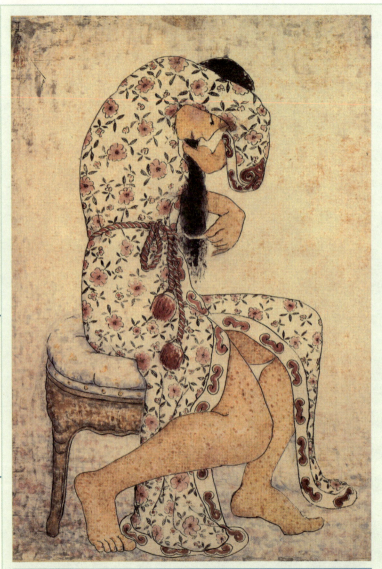

梳妆图

律、诗情,成功地将中国的笔墨精神和西画的实体质感融于一体,具有极具个性化的审美情趣,也标志着潘玉良在彩墨画上由探索走向成熟。

《侧卧的女人》同样也是这一时期彩墨画的代表作,潘玉良先用细腻流畅的线条勾勒出典雅素静的女裸体,表现出人体的结构和质感,背景部分运用点彩和交错的短线来制造层次。她将传统技法中的国画渲染和印象派点彩技法合而为一,呈现出秀美灵逸、坚实饱满的画面效果。画面构图

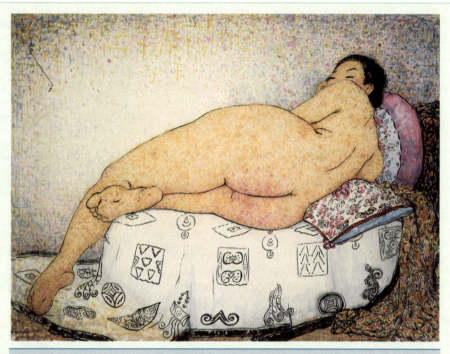

侧 卧 的 女 人 图

以对角线划分，上部大片留白，下部一个侧卧的女人体充满画面，这一虚一实的对比本身就流露出东方女性的含蓄、温柔。作品中微微夸张的形体，丰满滋润的肌肤，委婉生动的神态，给观者带来极大的感染力，完美地呈现了东方女性外在的曲线之美和内在的人性之美。

此外，潘玉良的遗作中还保存了大量的白描和速写作品，充分展现了她创作的勤奋与深厚的功底，其中的白描作品最为引人注目。陈独秀在1936年为潘玉良白描作品题词，称其"以欧洲油画雕塑之神味入中国之

白描，余称之曰新白描"，并称赞"今见其新白描体，知其进犹未已也"。

潘玉良用中国的线描，结合西画中对人体结构的理解，创造的白描女人体有很深的造诣。她以刚中见柔的精练线条、虚实相宜的准确造型和缓急得体的中国书法笔致，成功地表现了人体的柔美与坚实，力量与韵味，令人叹为观止。潘玉良不拘泥于形似，而着意于神似，线条成为画面上发挥造型、表达情感、构成形式感的主导。她把传统绘画中富有情感的线条造型和西画具有表现力的形体构造作了较好的结合，丰富了传统白描

的表现力，创造了独具特性的美感情趣。

潘玉良一生热爱祖国，身处异国40年却没有加入外国国籍，坚持死后穿旗袍入殓，体现了一代艺术巨匠的伟大情怀。参观"潘玉良作品展"我们能感受到一位艺术大师的生命脉动，触摸到笼罩在艺术家身上诸多光环背后的一个独特、真实、鲜活的生命，领悟她自强不息、用毕生去实现自己追求的伟大精神。潘玉良作品不仅重建了她真实、鲜活的艺术生命，它们的回归祖国也实现了她用画作"奉献国人"的遗愿。

（董松）

文明孕育的珍宝

——安徽省博物馆馆藏精品

铜 器

夔龙纹铜镜 战国

直径16、厚0.17厘米

1975年和县城北出土

圆形，三弦钮，圆钮座，内向十一连弧纹缘。钮外饰以勾连纹为地的三组夔龙纹。

考古发现，中国早在原始社会的齐家文化时期就开始使用青铜镜。古代青铜器在历经了商周青铜礼器的高峰后，作为青铜器的一个种类的铜镜仍绵延不断，为历朝历代制作使用，直到清代被玻璃取代。其间，战国、汉、唐是它的辉煌时期。

战国铜镜多为圆形，少数方形，背面有钮和钮座，镜面平直，边缘平或上卷。镜钮的形式有弓形钮、半环钮、镂空钮、弦纹钮等。前三种钮数量少，最常见的是弦纹钮，弦纹钮中以三弦钮数量最多。多数镜有钮座。质地薄而轻巧，除东北地区外，其他铜镜的厚度多在0.1～0.2厘米左右。纹饰题材和表现手法丰富，主纹地纹配合和谐，表现手法以浅浮雕最为常见。铜镜上地纹与主纹相结合成为战国镜有别于其他时代镜的主要特点之一。

夔，想象中的单足神怪动物，《说文》："夔，神魅也，如龙一足。"夔龙纹铜镜为环绕式的纹饰布局，以浅浮雕的技法表现了三只长首、卷尾、一足抵钮座的夔龙。在勾连地纹的衬映下，整个图案完美和谐。

战 国 夔 龙 纹 铜 镜

八卦十二辰菱花铜镜　唐代

直径19、厚0.8厘米

1973年肥西县花岗区新仓公社出土

镜作菱花形，龟钮，方座，座上饰海水，四角有海兽。其外为一方框。框内为十二生肖像，形象写实。框外左右上下分别配置日月星辰，日月星辰两边各置一朵长尾云纹，形成天圆地方、日月星辰运行之状。外区饰八卦图形，间以两片枝叶的新芽。

我国古代先民在劳动的过程中，逐渐掌握了一些自然界的变化规律，比如日月运行，四季变化，草木荣衰等。他们认识到世界的组成，首先是天和地，白天和黑夜，男人和女人等都是——相对应的存在，便有了阴阳概念。而后又用最基础的单、双来表示阴阳观念，这就是—和——。用"—"代表阳，用"——"代表阴，用三个这样的符号组成八种形式，代表天、地、水、火、雷、山、风、沼泽，构成八卦图。

十二地支对应十二生肖——子鼠、丑牛、寅虎、卯兔、辰龙、巳蛇、午马、未羊、申猴、酉鸡、戌狗、亥猪。我国古代用十天干——甲、乙、丙、丁、戊、己、庚、辛、壬、癸和十二地支依次相配，组成了"干支纪法"，用于纪日和纪年。

八卦十二生肖图最早出现在隋代铜镜中，唐代中晚期流行，种类较多。该菱花镜剔地成纹，镜缘突起，外表厚实，黑漆古锈光可鉴人，为唐代中晚期青铜镜的典型代表。

唐代八卦十二辰菱花铜镜

鎏金铜佛塔 宋代

通高 32.5、刹高 19.8、座边长 13 厘米

1967 年青阳县城关镇红旗街宋塔地宫出土

鎏金铜佛塔方形，由塔座、塔身、塔顶、塔刹四部分组成，由插销成颌连接固定。塔座较矮，四面各镂空雕四座佛龛，龛内置一尊坐佛。塔身略小于塔座，四面镂空雕刻佛教故事，四角立柱上方圆雕一只大鹏金翅鸟。塔顶由塔身向上抖出四个斜面，每面镂空雕虎衔卷草纹，顶部四角各出一个蕉叶形插脚，插脚外侧面各浮雕 2 则上下排列的佛教故事图，其中一面有 3 则，共 17 则。塔刹占全塔比例近一半，刹座为覆钵式，外雕覆莲瓣，刹身置相轮五重，每重轮表面饰有卷草纹，刹顶为四瓣形宝珠。

该塔为宋代宝箧印经式塔，据记载，宝箧印经塔是五代吴越王钱俶仿照印度阿育王

宋代鎏金铜佛塔

造八万四千塔之事，用金铜精钢铸造八万四千座小塔。杭州雷峰塔塔基地宫出土一件银质金涂塔，就是吴越王钱俶铸造。此件佛塔与雷峰塔出土的塔形制接近，当属宝箧印经塔。然与该塔同时出土有一件银盒，银盒内置一记事金牌、一记事银牌。金牌铭记："青阳县延和乡十五都保义郎章华同妻王氏……合家眷属，同发心自造宝塔一所，皇宋绍兴二十五年九月二十日记。"银牌铭记："绍兴贰拾伍年 玖月贰拾日下工起塔 住持长老宋景施银牌子记 修造僧道明惠源"。金牌所记铭文"自造宝塔一所"是指鎏金佛塔还是地宫之上的砖塔？不得而知。"保义郎"是宋代的低级武官，鎏金佛塔制作精巧细腻，非一般工匠所为。银牌铭文中"下之起塔"，应与"自造宝塔"为同一所塔。那么鎏金佛塔是否为钱造"八万四千"塔中之一呢？种种悬念有待考证。

瓷　器

影青釉注子注碗　北宋

通高 25.2、注子高 22、足径 8.8 厘米
注碗高 13.9、口径 17.1、足径 9 厘米
1964 年宿松县北宋元祐二年墓出土

注子注碗是宋代盛酒和温酒的用具。注子为小口，直颈，颈下肩上饰一周覆莲瓣纹，套盖，盖顶蹲一狮，昂首翘尾，富于装饰趣味。斜宽肩，六棱形腹，前置上扬的细流，后置带式曲柄，圈足。注子表面所施影青釉，釉色光润明亮，有细碎片纹。注子坐于一个较注体略大的莲花形注碗之中。注碗全形为一朵仰开的莲花，莲瓣自下向上合成深腹大碗，在莲瓣接合处饰如意纹。碗下承以高圈足，圈足外装饰尖叶形花蒂。注碗内底尚留有五个支钉痕，正好与注子底部的支烧痕吻合，说

带你走进博物馆

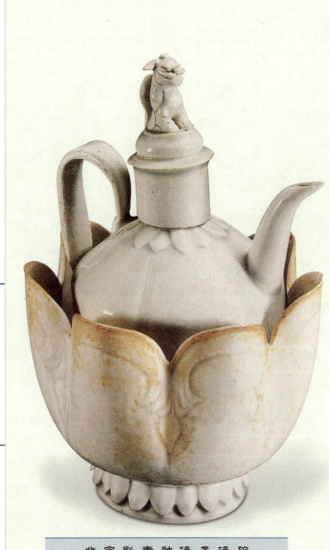

北宋影青釉注子注碗

明注子与碗是成套烧制的。注子坐于注碗中以后，肩以下均没于碗体之中，肩以上露出碗外，可以看到前翘的注嘴与后仰的高把手和直口及盖，以及突出于盖上的蹲狮。器形稳重，构图富于变化，整体呈现出和谐完美的艺术造型。

胎体洁白细腻，所施影青釉晶莹润泽。影青釉又称青白釉，白色中泛出淡淡的青色，呈显出恬静之美。它的产地是著名的景德镇湖田窑，其原料选择、制作工艺以及装饰纹样等方面都达到了相当的高度，代表了宋代影青瓷烧造的最高水平。此器出土于北宋纪年墓中，故历史价值很高，同时又因典雅的造型和晶莹的釉色，而具有极高的艺术价值。

元 代 青 灰 釉
带 把 杯

青灰釉带把杯　元代

高3.1、口径8.1、足径3.6厘米

1977年安庆市出土

喇叭形口，圆唇，斜直腹，矮圈足，口沿与腹间置一弯柄。釉色青雅莹净，有冰裂纹，胎为深灰色，质地细腻坚致，在口沿最薄处隐约露出灰黑泛紫的颜色，足部无釉处呈现铁褐色，即所谓的"紫口铁足"。

与带把杯同出并属于一个窑址的器物还有三件盏、一件盘和一把执壶。三件盏的造型分为花口和圆口两种，其釉色有青釉、青灰釉和米黄釉几种。它们与杭州市凤凰山老虎洞窑址发现的元代仿官窑或者称"类哥窑"瓷器较接近。

金银器

金郢爰　战国

长7.8、宽6.8、厚0.45厘米，重280克

1970年阜南县三塔乡朱大弯村出土

郢爰是楚国的一种黄金货币。此器平面呈龟版状，四角形，凹弧边，中间鼓，边角上翘。其正面作对称式压印16个方印铭，篆

 战 国 金 郢 爰

书阴文"郢爰"。

"郢"是先秦时期楚国都城的名称，始建于公元前689年，位于湖北江陵，后几经迁移。爰为重量单位，或说即"称"。一爰即楚制一斤，约合250克。郢爰，是目前中国发现并已著录的最早的黄金货币，早在宋代李石《续博物志》和沈括《梦溪笔谈》中就有记载，但其上两字释为"刘主"。清吴大澂、方浚益考证两字为"郢爰"，沿用甚广。当代学者林巳奈夫、安志敏、黄锡全及罗运环等人认为"郢爰"之"爰"实为"爯"字，学术界对此说已基本认同。另根据郢字，考定为楚国的货币，这已确定无疑。

楚国是战国时期使用金币的国家。楚金币的称谓甚多，主要根据金币上钤刻的文字命名，如"郢爰"、"陈爰"、"卢金"等。"郢爰"是楚金币中流通时间最长、分布地域最广、当今出土最多的一种，因而人们多以它

带你走进博物馆

作为楚国黄金货币的代表。楚金币是一种称量货币，在使用时，大多数切割成小方块，秤其重量，作等价物进行交换。因而出土的楚金币，大都是零星碎块，大小轻重相差悬殊，而且明显有曾被切割过的痕迹。此郢爰同时出土共25块，其中3块完整。这批郢爰的发现为研究楚国币制增添了重要的实物材料。

圈足外撇。整体器形似一朵绽放的秋葵花，由六片花瓣组成，每片花瓣的边缘均镌刻着连续的花卉纹一周。金盏的圈足焊接于盏底，边缘錾刻一圈二方连续的线纹。圈足似为花蒂形，仿佛承托着一朵正在盛开的秋葵花。盏心用六瓣花苞形小柱捧起香梅一朵，似有暗香袭来。从上看去，花中有花，秋葵

葵花形金盏 南宋

通高5、口径10.6、足径4.4厘米，重153.4克

1952年休宁县城关东南南宋工部侍郎朱晞颜夫妇合葬墓出土

葵花形金盏为敞口，浅腹，矮

南 宋 葵 花 形 金 盏

花瓣像是围绕着梅花而旋转，真是花团锦簇，富丽堂皇，美不胜收。

宋人好酒，同时对喝酒的器皿也非常讲究。著名女词人李清照有词曰："东篱把酒黄昏后，有暗香盈袖"，"乍暖还寒时候，最难将息，三杯两盏淡酒，怎敌他晚来风急"。此金盏应为酒具。

葵花形金盏采用了焊接、錾刻等金银器加工技法，设计构思巧妙，刻工精致细腻，线条流畅挺拔，加之金器所特有的绚丽色泽，给人以庄重华美之感，不愧为一件具有很高艺术价值和历史价值的国之珍宝。

该墓葬同时出土的还有六棱形金杯和六角形金盘，亦为金银器中不可多得的经典之作品，显示出当时金银器工匠们娴熟的工艺技术，为研究宋代金细工艺提供了珍贵的实物资料。

宋代双龙纹金香囊

双龙纹金香囊　宋代

长7.8、宽6.5、厚0.7厘米，重31克

1958年宣城县西郊窑场出土

双龙纹金香囊为鸡心形，是由两块金片组合而成，一片略大，包压另一片。香囊的顶部有一小孔可供穿系佩挂。中部略高于边缘，两面均以龙为其主要的装饰纹样，龙作

张嘴吐舌瞪眼之凶猛形态，龙尾上翘且分为两组向两边卷曲，四肢及上冲的毛发均呈卷草状。龙鳞片片夺目，毛发丝丝入微，更显龙之生动有力。龙身弯曲为"S"形，具有一种连绵不断、轮回永生的艺术效果。在构图上，两龙首尾相对，采用对称均衡的传统形式。香囊的边缘饰一周联珠纹和草叶纹与龙纹相呼应，使整体纹饰层次丰富，更具装饰性效果。

宋 代 双 龙 纹 金 香 囊 局 部

此香囊中空，可填香料或药物，佩挂于身，既可以用于防病治病，也可以驱邪逐鬼，体现出了物主生前富足的物质生活和显赫的社会地位。金饰采用了捶揲、透雕、焊接、线刻、压模等多种金银器加工技法，做工考究，整体造型玲珑剔透，构思巧妙，既为一件实用品，又为一件十分精致的工艺品，充分显示出宋代金细工艺的高超技术，不失为金银器中之典范作品。

带你走进博物馆

凤纹银果盒　元代

通高 15.9、口径 34.4、足径 26.5 厘米，重 4375 克

1955 年合肥市小南门工地（原孔庙旧基）元代窖藏出土

银果盒为圆形菱边，上盖，下底，以子母口相承抿合。盒内有一与果盒边饰相同的菱边格盘，将果盒分为上下两层，格盘的中心团饰缠枝牡丹纹。果盒的圈足配合果盒形状也为菱边圆形。盖为平顶，满饰纹饰。主体图案是两首相对的凤凰飞舞于百花丛中，

周围纹饰为 10 个相互连接的莲瓣。盖的边缘和腹部饰牡丹、菊花等千姿百态的四季花卉，果盒的足部装饰有卷草纹一周。

银果盒的造型大方，制作规整。所装饰的图案均以线刻而成，纹样繁而不乱，镂刻线条匀细刚劲，构图和谐紧密。窖藏中出土的其他器物上有"庐州丁铺"、"章仲英造"、"至正癸酉"等铭文，说明凤纹银果盒是元代至正年间制造使用的器皿。另外，此器与 1981 年在安徽省六安县嵩寮岩乡花石嘴村元墓出土的一件银盒的式样、制作工艺基本相似，且六安县和合肥市的地理位置相距不远，所以两件银盒极有可能均出自庐州丁铺的工匠之手，同时也可推断出丁铺在元代至正年间是庐州地区一家规模较大的金银器加工作坊。这些器物的出土为研究元代手工业制作提供了重要的实物资料。

元代凤纹银果盒

玉 器

金釦玛瑙碗 北宋

高6.4、口径13.14、底径7.3厘米

1972年来安县相官公社出土

碗之形体规整，圆形大敞口，口沿部镶嵌一周薄薄的窄边黄金条饰，即所谓的"金釦"。口沿以下微弧下收，中腹以下斜收至底，底部平实。碗内里掏膛干净，器壁较薄，厚约0.2厘米，内外壁均打磨光滑，通体无纹饰。碗呈橙黄色，局部有暗血红色斑块，系用北方地区常见的火玛瑙制成，微微透光，显现出玛瑙的自然纹理与柔和妩媚的光泽。

利用玛瑙矿石材料制成工具、装饰品与器物，是我国玉作业的一种传统。早在史前时代的安徽省含山县凌家滩遗址中，就发现了用玛瑙制成的玉斧，汉、唐时期也习用玛瑙碾作杯、碗器皿。说明色彩多样的玛瑙，自古以来便是古人作玉时的重要材料之一。玛瑙在矿物界属于二氧化硅隐晶质集合体，在我国许多省区都有大量的分布，其硬度达到摩氏硬度7度左右，因性脆，韧性差，不易制作成可供盛置用途的器物，所以工艺技术要求比较高。这件玛瑙碗器形较大，制作规整，其口沿镶金，薄片金条饰整齐，接

北 宋 金 釦 玛 瑙 碗

元 代 贯 耳 玉 瓶

口牢固，显示出了高超的技艺，应是具有较高技艺的工匠和严格管理的专门作坊加工而成的。在宋代，像这样带有黄金装饰的产品，只有官府手工业或专为宫廷服务的御用机构才能生产加工，所以它应是一件与宫廷御作有关的、也是统治阶级上层人士才能使用的物品。从其素面无纹的特点观察，可能是北方少数民族政权辽朝进贡的"贡品"。"金釦"特色与当时白瓷、青瓷碗的边沿留有"芒口"而镶金、银的习惯相同，是宋代比较流行的一种装饰手法。

"千种玛瑙万种玉"，"有钱难买金镶玉"，金釦玛瑙碗1994年被国家文物局文物专家鉴定组一致确定为国家"一级甲等文物"，是安徽省目前唯一的一件玉器类"国宝"。

贯耳玉瓶　元代

通高7.1、口径2.75—3.25、盖径2.76—3.22、厚1.11、器耳孔0.2—0.25、器盖孔0.3—0.6厘米

1956年安庆市棋盘山元代尚书右丞范文虎夫妇合葬墓出土

瓶体扁圆，呈椭圆形。口沿较平，圆唇外鼓成弦纹状，高颈，颈腹之间有三道凸出弦纹。颈两侧各有一个条状贯耳，耳中有上

下贯通孔。大鼓腹，圈足底外侈。瓶体内里掏膛，薄胎透亮，外表打磨光滑，以凸弦纹为饰，表现出古朴素雅的风格，系仿古铜器造型制作。玉质晶莹温润，颜色白中闪青，为优质和田玉，微有瑕疵。玉瓶有圆形盖，盖上有两个圆孔，一侧有半圆形缺口，盖背呈台阶式。盖顶用阴刻线技法雕琢一只蟠螭纹，螭头部呈猫面，两前肢上举，后腿弯曲成弓状，四腿外侧均有许多条状的短而细直的斜线，表示腿毛。螭身中部有一道阴刻线，两旁刻有节纹表示脊椎骨骼，螭尾弯曲内圈，整个阴刻线条娴熟流畅，构成了生动的画面，显示出高超的碾作技艺。瓶之造型十分规整，制作精细，为目前所知元代出土玉器中的瓶类精品。

此瓶用料美质，设计典雅，做工精细，又是仿古铜器造型，螭虎纹样与宋代相同，因此此瓶也可能是南宋晚期的作品。

漆 器

"张成造"剔犀云纹漆盒　元代

通高9.5、径14.5厘米

1956年屯溪张新吾捐献

木胎，通体圆形。胎表用黑、朱两色漆分层相间髹饰，堆漆肥厚。器身满雕如意云纹，云纹依器中心分成三组，每组各雕饰一如意云纹。此盒雕刻技法深峻熟练，刀口深度达1厘米，刀口剖面见有朱漆三道，每道相隔约2毫米。盒底光素，漆呈紫黑色，左侧近足边缘有针划"张成造"三字款。造型古朴高雅，纹饰丰腴饱满，漆色光亮温莹，磨工精细圆润，三道朱漆线条流畅，极富动感，是一件非常难得的剔犀传世精品。

张成是元代漆工中与杨茂齐名的著名艺人，其作品极负盛名。据《嘉兴府志》载：

元代"张成造"剔犀云纹漆盒

"张成、杨茂，嘉兴府西塘扬汇人，剔红最得名"。北京故宫博物院藏有张成、杨茂的剔红器，但未见剔犀器传世。从这件漆器的制作、漆质及款识来看，确系出自张成之手，是研究元代剔犀器的实物，弥足珍贵。剔红与剔犀虽同属雕漆范畴，但制作工艺并不相同。明张应文《清秘藏》："元时张成、杨茂二家技擅一时，第用朱不厚，间多伤裂"，但此件剔犀器堆漆肥厚，因此张应文《清秘藏》文中张成制漆不使用厚漆雕剔的说法并不能真实反映其作品的风格。

剔犀，是用两种或三种色漆（多为黑、红二色）在器物表面有规律地把每一色漆刷若干道，积累起来达到一定的厚度，然后用刀剔刻出勾云、回纹等图案，在刀口的剖面显露出不同色层。因图案中云纹多见，故或名之曰"云雕"。最好的剔犀器堆漆肥厚，雕工深峻圆润，漆光蕴亮。

描金彩绘山水人物图漆盒　明代

通高11.3、长50.3、宽31厘米

1959年在皖南收购

传世品,长方形,木胎。盒体外壁四周采用细篾丝编起花工艺制成变形"卍"字纹图案。四角为双棱委角。盒底为壶门形圈足。除篾编纹饰外,其他部分均髹黑漆地。盒盖的表面以双线描金开光。开光内用描金和彩漆绘一幅江南园林间人们悠游的图景。图中有亭台楼阁、奇峰塔刹、碧湖古松、行舟莲荷和众多人物等。人物神态各异,举止文雅。他们有的在观书而论或聆听释教;有的在凭栏赏荷或观景吟诗;有的漫步湖畔或携琴、书画访友;还有一位儒士则独坐舟内遐想。整个画面构图疏密有致,色彩金碧富丽,内容丰富,意境深远,观后令人赏心悦目。盖面开光外描金"卍"字纹锦地,盒壁、口沿及足部也

明代描金彩绘山水人物图漆盒

明代描金彩绘山水人物图
漆盒局部

牙、木、竹器

象牙雕蹴鞠图笔筒　明代

高 16.2、口径 11 厘米

1973 年在长丰县下塘公社收购

文房用具。圆筒状，中部略缩，筒壁上厚下薄，缺底，色泽泛黄，牙纹清晰。笔筒正面阴刻图案为：凉亭之外的平场中间有一足球，四人均身穿短衣，腰略弯，两腿一前一后立于四角，作随时准备起脚踢球状。另有一人身穿官服，站立一旁，似为裁判。场上人物表情与动作严肃认真，呈现出赛场的气氛。该笔筒雕刻技法为线雕和毛雕，着色之处似以火烙，刻工精妙，人物场景细腻生动，是我国古代足球运动的形象描绘。背面阴刻"射雁图"：天空中"人"字形雁阵高飞，半空似有一雁带箭坠落。地面一人手持硬

均描金绘叶瓣纹、花卉纹、回纹、莲纹和蟠螭纹等，甚至在委角内凹处也饰有描金蟠螭纹和波浪纹。盒内配置有方碟8件，成对连体盏托3件，均高足、木胎，外髹黑漆、内髹朱漆，边沿饰描金花卉，与盒体纹饰十分协调。

　　此盒制作工艺精细，绘画技艺高超，描金线条细腻流畅，堪称明代晚期描金彩绘漆器中的佳品。

弓，似正在向其余四人炫耀射技。

　　中国古代足球运动最早叫蹴鞠，最初为游戏，逐渐发展为体育竞技运动。《汉书·枚乘传》颜师古注："蹴，足蹴之也，鞠，以革为之，中实以物，蹴蹋为戏乐也。"《宋史·太宗纪》："会亲王宰相，淮海国王及近臣蹴鞠大明殿。"《水浒传》中的高俅，就是因为善"蹴鞠"而深得宋徽宗的宠信。

　　笔筒为文房用具，其图案却为蹴鞠场景，可见这项活动深受人们的喜爱。踢球图

明代象牙雕蹴鞠图笔筒局部

中表现的场面说明，我国古代的踢球规则严谨，此为研究中国足球运动史极为难得的资料。该笔筒因其独特的艺术与历史价值，已被香港启思出版社出版的香港小学中国语文教材收作插图。亦曾于2006年世界杯足球赛在德国举办之际，由中国体育博物馆选送赴德国参加"球类游戏——足球历史"展览。

明代象牙雕蹴鞠图笔筒

带你走进博物馆

《观音变相图》木雕版　明代

长51－78、宽24－25、厚2－3.5厘米

1950年皖南人民文物馆在歙县唐模征集

版画《观音变相图》所用的印刷雕版，木

质，原印刷品已佚。现存版5块，另附后人

题跋小版1块。双面刻，每面3图，每块共

6图，合计30图。未署绘、刻者名。作者以

高古丝描画观世音菩萨、如来佛祖及其他人

明代《观音变相图》木雕版及印件

物、动植物、海水山石等，功力深厚，线条遒劲匀细，圆熟流畅。观世音菩萨慈颜威仪，或为中年妇，或为少年女，或骑兽，或立荷，或持净瓶，或执杨枝。虽然形貌、姿态、场景、所持法器有别，但均大慈大悲，为着慈航渡人、救助众生而化现。每图（变相）均有说明画意的文字（变文）。

原有32幅图，为明万历年间歙县制墨名家程大约刊本，程死后版片散轶。天启二年（1622年），歙县岩寺方绍祚搜集得之，题为《观世音菩萨三十二大悲心忏》。宣扬佛教的的图像称之为变相，所以又称为《观音三十二变相》。1939年，清末翰林、著名收藏家歙县唐模许承尧得之，附刻题记，云"以《程氏墨苑》校观，知出丁南羽笔，且精美更胜《墨苑》。"参之以丁氏画风，当无疑义。丁云鹏（1549—1628年），字南羽，安徽休宁人，善画人物、佛像。清姜绍书《无声诗史》卷四称

他"画大士罗汉，功力靓深，神采焕发，居对间恍觉身入维摩室中，与诸佛菩萨对语，眉睫鼻孔皆动"，足见他在佛教画艺术上的造诣。

凡程大约刊、丁云鹏绘图本，多出自歙县虬村黄氏刻工之手。此本刊于歙县，正是黄氏刻工的发源地。从镂刻风格看，此本亦当为黄氏名工所刻。黄氏刻工所刊佛教版画，幅幅都是精品，尤其在刀刻技法的运用上，已进入空前绝后的境界，且稿本多由画坛巨匠绘制，故称其为佛教版画艺术最辉煌的篇章实不为过。

该雕版虽缺两图及原题识，但名绘、名刻各尽其妙，画刻双绝，代表了徽州版画中期的发展水准。自东汉佛教传入中国后，大乘佛教观世音菩萨在信众中被空前崇拜，观音的形象也逐渐中国化。在中国佛教版画史中，观音变相一类作品极多，以绘镌之精丽奇绝而言，实以该作品为最。

带你走进博物馆

木雕铁拐李　清代

通高 63 厘米

1958 年在皖南收购

黄杨木雕工艺品。人物形象取材于民间传说八仙之一的铁拐李。人物身体前倾，左手执壶，双目圆睁，仰面张嘴，作畅饮状。右肩袒露，念珠斜挎于左肩、右胁，竹席、荷叶背于身后。右腿站立，右臂撑拐，左脚支于拐上。底座镂雕成海水纹，暗含其东渡大海显神通的故事。

八仙在中国民间的众多神仙中，影响很大，有关他们的传说一直为人们津津乐道，尤其是明朝吴元泰的《八仙出处东游记》所述的八仙过海的故事更是脍炙人口。八仙的传说始于唐代，然八仙姓氏至宋代犹有变更，其故事传说大多可以在唐、宋书籍中觅得踪迹，少数见于明代记载。铁拐李为八仙中年代最久、资历最深、最早得道成仙者。见

清代木雕铁拐李

诸文献则较晚，元杂剧始有其名。亦作"李铁拐"，身世由来传说颇多。一说乃西王母点化成仙，封东华教主，授铁杖一根。一说姓李名玄，遇太上老君而得道。其身后所背葫芦装有能治病救人的灵丹妙药，所以在民间声望很高。

此黄杨木质光洁，纹理细腻，色泽庄重沉稳，给人以古朴典雅的美感。作品圆雕、镂雕技法并施，刀法熟练流畅，线条自然，人物形体把握出色，造型独特，形象鲜明，骨感突出，肌肉结实有力，衣纹飘逸，颇有刚柔并济的特殊美感。看似衣衫褴褛，瘦骨嶙峋，却毫无潦倒颓病之态，举手投足间充满了阳刚之气，突出了人物的内在气质与个性，虚中有实，静中有动，独具一格。

竹雕童子牧牛　清代

高18、长18.5厘米

桐城文化馆移交

竹质工艺品。作品取材于一段竹壁丰厚、节心细小的老竹根，以简练的刀法，因势随形，运笔旋刀，圆雕一童子牧牛的情景。一顽皮的牧童双手攀牛角，右足蹬牛鼻，似欲上牛背，耕牛则回首伫立，任其攀援。在顽童与耕牛之间，透露出一种亲昵的气氛。童子表情欢快，衣纹流畅，牛则憨厚敦实，双腿稳健，壮硕有力。该作品近乎写实，成功地刻画出牧童与耕牛之间亲切、和谐的关系，具有强烈的动态美和浓郁的田园情趣，给人以真实、亲近之感。

竹雕也称竹刻，是在竹制的器物上雕刻多种装饰图案和文字，或用竹根雕刻成各种陈设摆件。竹雕发展到明清时期大

带你走进博物馆

清代竹雕童子牧牛

盛，雕刻技艺的精湛超越了前代，出现了多种雕刻技法，一般分立体雕和平面雕两大类。立体雕刻以圆雕和透雕技法为主，多为五面雕刻。圆雕技法刻制的作品，大多取竹根为材，根据竹的自然形状进行构思和设计，略施雕镂，使其成为或妙巧、或古朴、或精致专供人观赏的艺术品。

该作品似为徽州工匠所制。徽州是雕刻艺术之乡，明清时期，徽商带来了徽州的富庶和繁荣，在这丰厚坚实的经济基础上，人文郁盛，匠艺日进，竹雕随之升堂入室，成为珍藏之物。

带你走进博物馆

墨、砚

群仙上寿图墨　清代

高9.5、宽2.7、厚0.7厘米

1959年在屯溪收购

共四锭，组成群仙上寿通景图。一面通雕饰彩色群仙上寿图，画面左上为西王母端坐青鸾之上，接受群仙朝贺，右上为寿星手捧仙桃，驾一仙鹿，画面下方为八仙、刘海撒钱、福寿禄三星。王母身旁云雾间一只仙鹤衔筹飞来，寓意"衔筹添寿"。八仙中的铁拐李手举葫芦，放出五只蝙蝠，寓意"五福纳祥"。蝙蝠又与画面右上的寿星、仙鹿组成另一组"福寿禄"。整个画面以琼楼玉宇为背景，营造出云雾缭绕的仙境景象。另一面篆书100个"寿"字，阴文楷书"苍珮室主人仿古"，钤"胡氏"、"开文"联珠印。其中一

锭侧面阴文楷书"徽州休城胡开文造"款。顶端均阳文楷书"顶烟"二字。

此套群仙上寿墨为一套集锦墨。集锦墨出现于明代嘉靖年间，一般认为首创者是当时休宁制墨家的代表人物汪中山。明代高深甫《燕闲清赏笺》记载："前如汪中山初时制墨，质之佳美，不亚罗墨，其精品以豆瓣楠为匣，内用朱漆，签以中款，表曰：太极、两仪、三猿、四象、五雀、六马、七鹧、八仙、九鸾、十鹿，皆以鸟兽取义。"是目前发现的关于集锦墨最早的记载。集锦墨构思精巧，装饰华美，工艺精湛，装潢考究，一经问世，就受到欢迎，不同派别的制墨家纷纷把它视为衡量其制墨成就的标准。曹素功所制的十八品名品墨如"天琛"、"紫玉光"、"苍龙珠"、"天瑞"等几乎都是集锦墨。汪近圣的"西湖名胜墨"、"黄山墨"、"新安大好江山图"等也都是集锦墨的佳作。苍珮室的"御制四十

带你走进博物馆

种西湖"、"御制棉花图"、
"御制十六罗汉"、"萧湘八
景"等都是胡开文享有盛
名的集锦墨。

休宁派的"集锦墨"
以雍容雅致取胜，与歙
县派的富丽华贵有着明
显的差别，此套群仙上
寿墨雍容典雅，雕刻精
致，运用了众多祝寿题
材和人物造型，画面布
局主次分明，连贯一致，
代表了光绪年间胡开文
制墨的高超水平。

清 代
群 仙 上 寿 图 墨

地球墨 近代

直径 12.2、厚 1.5 厘米

1962 年在皖南征集

扁圆形，通体饰金，填五彩。墨表面绘世界地图，两面分别代表东西半球，详细绘出各大洲、大洋形状，并标注名称。各国国界清晰，国名与首都皆标注清楚，中国版块还标有安徽、西藏等字样。各主要山脉河流绘制准确，亚马逊河、长江、黄河等清晰可见。主要经纬线皆注有经纬度数。此墨为仿

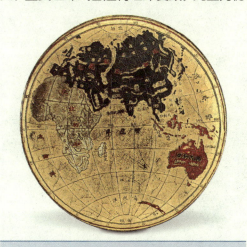

近代地球墨

制当时的地球仪造型所制作，墨侧边缘有中英文款识一圈，英文字母大写，译文为："首获 1915 年美国巴拿马博览会优等纪念，中国安徽休宁胡开文墨店制。"

此墨地理名称皆以中文标注，从右及左。各大洲及国家名称大多保留了当时的称谓，与现在略有不同，如南亚美利加、北亚美利加、安南、吕宋等皆为当时旧称，英领加拿大等国名更保留了当时殖民统治的烙印。由于当时人们对世界的认识还不彻底，七大洲四大洋的地理概念还不完善，南极洲大陆被标上了"南冰洋"的字样，但也为我们研究世界地理留下了宝贵的资料。

地球墨由胡开文创制于20世纪初，当时的中国仍处在封建思想的禁锢之下，人们对于世界的认识依旧停留在"天圆地方"的概念中，而胡开文墨店能仿制地球仪，将其成功地设计成墨品一款，非常具有超前意识，

对于开阔国人的视野,打破传统的地理概念起到了不可忽视的作用。

此墨为获奖后以原模重刻边款制成。

枣心眉纹歙砚　宋代

高2.8、长21.3、宽12.5厘米

1953年歙县小北门窖藏出土

宋代文房用具。长方形,砚面平,四边及砚心外一周起窄边,砚首刻新月形水池,平底。砚身选用色泽较深的细罗纹石,砚堂内嵌色泽青莹的椭圆形对眉子纹石片,能活动取出。

此窖藏共出土宋代歙砚17方,全是婺源龙尾石,造型各式各样,为我国宋代歙砚一次重要发现。枣心眉纹歙砚为其中最精美的一方。所谓眉子纹是歙砚的一种纹理,歙砚品种甚多,罗纹分为里山、外山14种,眉纹有7种,金星3种,金晕1种。歙砚始采

于唐代,以石质坚润,易发墨,不损毫,涤之即净而著称于世。

歙砚深受宋代文人士大夫的喜爱,赞美歙砚的诗文非常多。如苏轼有《赞罗纹砚诗》:"罗细无效角浪平,米丸犀壁浦云泓,午窗睡起人初静,时听西风拉瑟声。"他对歙砚的迷恋程度可见一斑。蔡襄偶得一方歙砚后喜吟道:"玉质纯苍理致精,锋芒都尽墨无声。相如闻道还持去,肯要秦人十五城"。大书法家毫不吝啬地把歙砚比拟为价值连城的和氏璧。欧阳修也曾将自己得到的歙砚赞为"世所罕见"的珍宝。

宋代枣心眉纹歙砚

此砚刀法苍劲,制作巧妙,石质精美,兼具罗纹和眉纹两种石品,为歙砚珍品。

"笈游道人"铁砚 清代

高 4.3、口径 15.5、足径 16.1 厘米

1965 年在南京市征集

圆形,铁质,两范合铸,范线在砚侧中部。砚面下凹,砚背相应鼓出,砚侧壁较高,下部形成圈足,有一处残缺。砚背中间铸"笈游道人"四字。

"笈游道人"为邓石如号。邓石如(1743—1805 年),安徽怀宁人。原名琰,因避嘉庆讳,以字行,号顽伯、完白山人、笈游道人、古浣子。精四体书,篆刻自成一派,是清代著名篆刻家、书法家。此砚为其自用砚。

乾隆五十六年(1791年)邓石如为湖广总督毕沅担当幕僚。"时吴中知名士多集节署,裘马都丽",邓石如却一直保持"布衣徒步"的

清 代 "笈 游 道 人" 铁 砚

形象。 在毕沅节署待了三年后,终因不合旨趣,提出还乡。毕沅挽留不住,特制铁砚相赠,以表达对邓石如的景仰之情。砚背铸有"笈游道人"四字,邓石如据此将书斋取名为"铁砚山房",并藏铁砚于其内。晚年邓石如家徒四壁,却依然保留着此方铁砚,伴其终生。

此砚风格独特,与主人不求闻达,不慕荣华,不为外物所动的布衣本色相得益彰,饱含着大师崇高的气节和艺术风韵。

铁 画

汤天池铁字对联 清代

长115、宽29.5厘米

20世纪60年代在芜湖征集

此联主体锻草书"晴窗流竹露，夜雨长兰芽"；右上落年款"丁卯春三"，即康熙二十六年（1687年）。左下题款"鸠江汤天池"即清代著名铁画艺人汤鹏。

汤鹏，字天池，江苏溧水人，早年为躲避战乱流落安徽芜湖，后与新安姑熟派画家萧云从为邻，借助他的画稿，取铁为墨，借砧为纸，以锤代笔创制了铁画艺术，后又依据名家的手迹锻制铁字。

据考早期的铁画是附属于实物出现的。现存有明弘治十四年（1501年）歙县汪虎捐赠武当山紫霄殿的铁烛台，烛台四周围绕着

清代汤天池铁字对联

缠枝花卉，锻造人路永和。清代康熙年间的芜湖铁工汤鹏结合锻造技术与画理，把铁画从附属地位独立出来，成为屏框挂件的艺术品。汤鹏因此被称为铁画创作的鼻祖。

带你走进博物馆

汤鹏流传至今的作品很少，现仅知故宫博物院藏《四季花鸟》、镇江博物馆藏《溪山烟霭》及此副《五言联》。此联用铁条按草书的笔路连贯转折绕成，字势飞舞，一气呵成，刚柔并济。这件作品是开创铁字艺术先河的代表作品。

梁在邦芦蟹图铁画　清代

长71、宽58厘米

20世纪60年代在休宁征集

画面制芦苇一丛，螃蟹三只。其中两螃蟹似正在对阵，互不示弱，而另一只则正在觅食。构图布局极富情趣。空间分割疏密得当。三只螃蟹生动活泼，呼之欲出，如无较高的绘画水平，则不能达到如此妙境。左侧有"在"、"邦"二印。在邦，即梁应达。

梁应达，字在邦，安徽建德（今池州市）人。少时读书聪颖，善画能诗，因与铁工为邻，遂以冶铁为生，学得锻铁和焊接技术，后来改攻铁画，将铁画与笔画相结合，吸收前人铁画长处，从锻制花鸟虫鱼开始，技法日见纯熟，凡画工之所不能传者，梁应达皆能以铁传之。是继汤天池之后，乾隆年间著名的铁画艺人。

铁画艺术传承几百年，深得百姓喜爱。《清画家诗史》记载有魏之璜铁画歌："芜湖画

清代梁在邦芦蟹图铁画

史锤当笔,以炉为砚铁为墨。屏山一张白书寒,寒云尽带括苍色。溪毛石骨劲而秀,细草孤峦亦清瘦。西风萧萧不可卷,兰叶如刀竹如剪。"对铁画工艺做出了精辟的概括。

在此幅作品中,作者借高超的锤炉技艺,将画笔无法表达的芦叶经霜打折枝的残痕表现得淋漓尽致,勾勒出蟹肥水美的金秋景色。整幅画面简洁生动,动植物造型形象逼真,是一幅不可多得的铁画艺术精品。

书 画

张即之楷书《华严经》册 南宋

纸本,6页,每页长18.2、宽11.7厘米

在寿县征集

张即之(1186—1263年),字温夫,号樗寮,安徽和县人。擅长楷书和榜书,尤喜作擘窠大字。史称"宋书殿军"。

其书法以长锋硬毫信手为之,其学唐人欧阳询、褚遂良的方整稳健楷则,而参用北宋苏轼、黄庭坚、米芾三家之体势笔法又涵分书意韵。既得唐人宽博厚重、雍容大度之形态,更多"以行作楷"的自家风貌。结体严谨端庄,笔法挺峻峭丽,翰墨古雅精粹,风骨俊美妙绝。下笔简捷凝炼,运笔坚实峻健,点画顾盼生情。结字俊秀而骨力遒劲,善于变形却又在情理之中。笔势飘逸潇洒,清爽不落俗套。一字之中笔画的粗细、伸缩、舒展皆随机而作。时呈波折,流畅跌宕,却又不失法度,显得灵动活泼,流畅潇洒。收笔处提按顿挫,点画明显。轻重疾徐,相映成辉。览阅之下,顿觉奇趣横生,骨格清奇。观之熟而不俗,健而不僵,古而不怪,活而不滑,具有强烈的艺术感染力。加之作者受禅宗哲学思想的影响,故使作品蕴含了一种独特的书法境界,流露出南宋后期书法尚意的特点。

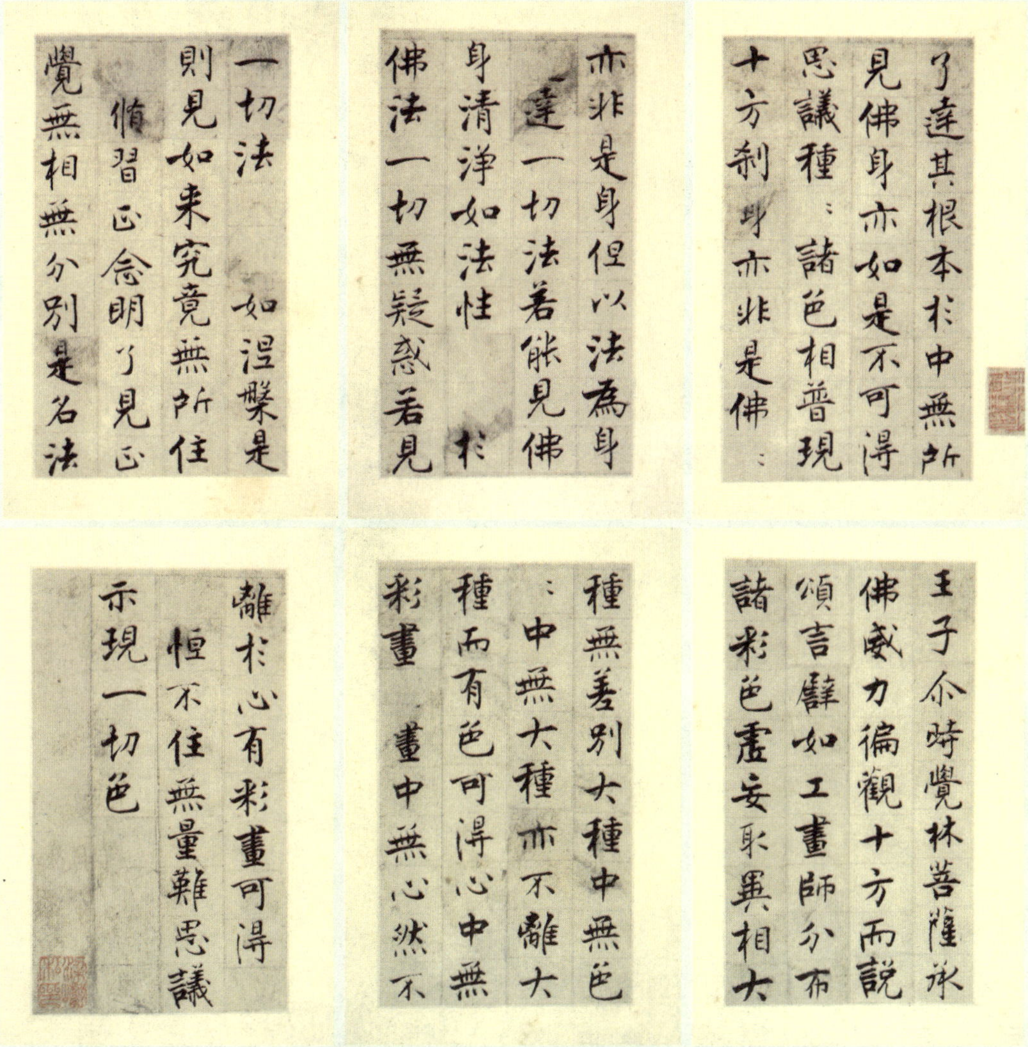

了達其根本於中無所
見佛身亦如是不可得
思議種：諸色相普現
十方剎身亦非是佛：

亦非是身但以法為身
達一切法若能見佛
身清淨如法性
佛法一切無疑惑若見

一切法　如涅槃是
則見如来究竟無所住
修習正念明了見心
覺無相無分別是名法

王子尒時覺林菩薩承
佛威力徧觀十方而說
頌言譬如工畫師分布
諸彩色虛妄取異相大

種無差別大種中無色
：中無大種亦不離大
種而有色可得心中無
彩畫　畫中無心然不

離於心有彩畫可得
恒不住無量難思議
示現一切色

南宋张即之楷书《华严经》册

张弼《草书五言诗》轴　明代

绫本，长144、宽46.3厘米

张弼（1425—1487年），字汝弼，晚号东海翁，松江人。狂书醉墨，流落人间，世以为"颠张"复出。

书法为狂草五言诗两首：其一，"世道复何如，东西远索居，常疑空见面，翻致久无书。" 其二，"甸寿源藏路，淮黄浅露鱼。相思不我会，明月几盈虚。"

此幅法书诗文俱佳，笔精墨妙。是作者书风的代表作，是其平时积淀的学识及功力的一种自然释放。线条流走而又沉着，形质飞动而性情凝重。章法上偏斜倾侧、停匀放纵而又连络映带；书体上不拘绳墨、杂草于行而又淋漓酣畅；用笔上信手挥洒、纵横自如而又诸法皆备。通幅作品可谓极尽变化之能事：其中有纯用中锋线条厚实凝重、圆润涵浑；也有用侧锋线条奇倔飘逸；还

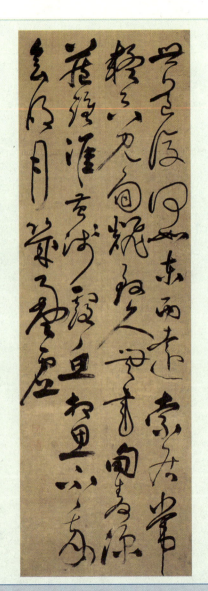

明代张弼《草书五言诗》轴

有些带着浓重的隶意，甚至类似章草的写法；而其中尤以那些涩而不滞、摇曳多姿，如同"万岁枯藤"般的涩笔最令人激赏。从起首两字的恬淡平和，到以后的逐渐奔放乃至以草入行，间或又有一些温和规矩的写法夹杂其间。正如当大江东去，波涛汹涌，一泻千里之际，忽又风平浪静，水波不兴。给人以一种跌宕起伏，"妙处难与君说"的审美感受。笔力劲健凝炼，如曲铁盘丝。行笔迅疾翻飞，似龙蛇穿江。落墨酣畅淋漓。气势激荡壮美，韵律风流云散。表现了自己有别于朝廷中"馆阁体"唯美书风的个性，及明代前期士人对唐代狂草的一种理解与取用，更给明代后期草书的直抒性灵以深刻的启迪。

唐寅《匡庐图》轴　明代

绢本设色，长148.5、宽72.2厘米

1964年在休宁县文物商店征集

唐寅（1470—1523年），字伯虎，一字子畏，号六如居士、桃花庵主等，江苏苏州人，"明四家"之一。

图绘庐山五老峰下三峡桥景：远处天外危峰峻峭峥嵘，万丈入云，望而难及。山上层峦叠嶂，深谷幽壑。峡间飞瀑如练，击石鸣涧。山腰浮岚停绕，遮天蔽日。山下寒林参天，秃枝交柯。近景流泉三叠，次第冲折。水上木桥高梁，横跨峡间。桥下山溪激涌，入江荡为平流。桥上朱衣颓翁骑驴观景，默思前行；身后童仆肩挑书函，悠然随从。图乃作者落魄后，因才情出众而被意在谋反的宁王朱宸濠强行罗为慕僚。为其察觉，立辞还家。不予允肯，遂即佯狂乃脱。此为作者于返回苏州途中，孤怀羁旅，壮志凌云而前途茫然之悲凉情怀的真实写照。

图系参照五代荆浩《匡庐图》和关全《溪

带你走进博物馆

明代唐寅《匡庐图》轴

山侍渡图》及北宋《寒林平野图》之笔法，结合对真山真水的写实提炼而成。其以全景式构图取象，画面饱满，意境壮阔。毫锋颖脱，墨法精微。除用具备强烈形式美的蟹爪树来衬托出环境的寒凝气氛外，对山石的表现亦较为出色：用短披麻皴、长线直皴、曲线弧皴等多种笔法相结合，并依山势的转折而演变，细密遒劲、柔中带刚地描绘出层岩的体积感和重量感。创造性地在浓墨渲染之山石间，留出如版画刀痕般的条条空白。于黑中存白的强烈对比中形象地表现出坚岩硬峭方峻的质感。全图渍染清洁，层次分明。韵寒境荒，洗尽朝市秽俗之气。

程邃《杜甫诗意图》册　清代

纸本墨笔，12页，每页长33.4、宽25.6厘米

1969年在上海征集

程邃（1605—1691年），字穆倩，朽民，号垢道人、江东布衣等。安徽歙县人。为"新安画派"之主要前驱作家。

册页封面湖帆题签："程穆倩为查梅壑画山水册"。共存画：《乱石通幽图》、《万象空寂图》、《晴峦新翠图》、《秋山树低图》、《千里避尘图》、《仙踪无闻图》、《高岗堤岸图》、《深谷幽居图》、《江山风雾图》、《坐看日暮图》、《柴门空闲图》、《中秋月影图》共12幅。

图册作于清康熙十一年（1672年），时程邃68岁。全册乃描写江南新安一带密林重山，荒莽朴拙的风景。布局匠心独运，境

清代程邃《杜甫诗意图》册

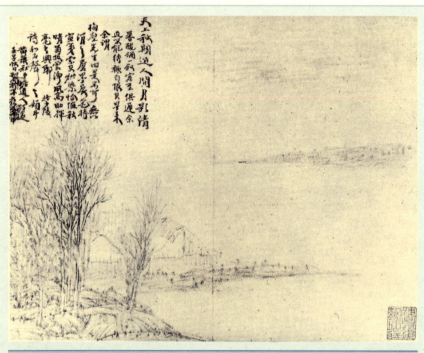

清代程邃《杜甫诗意图》册

虚和轻蒙。画面视若简淡，意极华滋。气韵浑穆丝毫未失纤巧，荒朴自然而又生气勃发。其古质不仅深蕴太古三代之神奇杳冥，同时亦于苍蔚明秀中得摩诘之禅理。

界浑凝冷寂。笔法重勾少染，以枯求荣，沉郁老辣，那干拙的笔墨与繁密的丘壑相得无间，看若粗头乱服，实质称心周到。似乎干裂秋风，内里润含春泽。意境清旷淡远、幽冷俏邃，仿佛地老天荒。墨色枯润相生、全册寓金石气味于枯笔中锋间，得生辣苍冷蕴含不尽之妙。这种将金石趣味注入山水画中的技巧，在普遍擅长枯笔焦墨的新安画家中，唯其独能。其面貌之形成，主要得力于治印之功。

弘仁《晓江风便图》卷 清代

纸本设色，长246、宽28.5厘米

1955年歙县文教科移交

弘仁（1610—1664年）。俗姓江，名韬，字六奇。安徽歙县人。新安画派创始人，"海阳四家"及清初画坛"四高僧"之一。

图系为好友吴羲将赴扬州送行之作。其绘自新安至扬州行船，由浦口练江入新安江一带的地理实景：前段写练江沿岸将军岭诸山嵌岩峭峙、林木萧疏，溪寒水涸饶有冬意。中段高峰峻岭，寒亭孤塔。后段写新安江对岸晓雾迷蒙，烟峦重叠。江中两舟并驶，近船挂帆乘风，点出"晓江风便"图意。

图作于清顺治十八年（1661年），时作者51岁。该图笔墨瘦劲简洁，风格冷峭。所绘手法近宋，神韵似元。中锋兼侧，逆入平出，线条道缓，渲染无痕。意境荒僻，不染尘垢。看似若无烟霞云雾之形，而仿佛清风岚气流

清代弘仁《晓江风便图》卷局部

带你走进博物馆

安徽省博物馆

带你走进博物馆

清代弘仁《晓江风便图》卷局部

116

清代弘仁《晓江风便图》卷

走于松石岩壑之间。既无世人的喧嚣，亦无笔痕之跳跃。无见形之外之活动，不觉寓之内之躁气。极瘦削处见腴润，最细弱处见苍劲。在描写冬雾凝霜的笔墨中放射出令人俗虑全消的冷光寒韵，涤人胸腑。画卷于继承和发展中国山水画南宗正脉的同时，丰富并强化了传统文人画的内涵及深度，代表了清初遗民画家的最高水平。

（资料整理：卞坚）

带你走进博物馆

主　　编：李治益　许　松

撰　　稿：卞　坚　董　松

　　　　　惠　立　李治益

　　　　　许　松

摄　　影：杨瑞玖　傅　渝

封面设计：周小玮

责任印制：陈　杰

责任编辑：张征雁

图书在版编目(CIP)数据

安徽省博物馆／安徽省博物馆编著. －北京: 文物出版社,
2009.4
(带你走进博物馆)
ISBN 978－7－5010－2692－0

Ⅰ.安...　Ⅱ.安...　Ⅲ.博物馆－简介－安徽省　Ⅳ.
G269.275.4

中国版本图书馆 CIP 数据核字（2009）第 026208 号

安 徽 省 博 物 馆

安徽省博物馆　编著

文物出版社出版发行

（北京东直门内北小街2号楼）

http://www.wenwu.com

E－mail:web@wenwu.com

北京文博利奥印刷有限公司制版

文物出版社印刷厂印刷

新华书店经销

880 × 1230　1/24　印张：5

2009 年 4 月第 1 版　2009 年 4 月第 1 次印刷

ISBN 978－7－5010－2692－0　定价：29.00 元